KB239410

어떤 부모가 되어야 하는가

바른 양육관을 갖고 싶은 부모를 위한 인문육아

어떤 부모가 되어야 하는가

글담출판

흔들리는 부모를
바로 세워 줄 지혜

고대 중국의 고전, 『장자』〈달생편〉에 이런 이야기가 실려 있다.

옛날 바닷새가 노나라 교외로 날아들었다. 노나라 임금은 새를 맞이하여 종묘에서 잔치를 벌이며, 아름다운 음악을 연주하고 소와 돼지와 양고기 요리를 만들어 주었다. 그러나 바닷새는 어리둥절해하며 슬퍼하면서 고기 한 점 먹지 않고 물 한 모금 마시지 않다가 사흘 만에 죽어 버렸다. 그 까닭은 임금이 자기가 좋아하는 방식으로 새를 돌보았지 새를 돌보는 방법으로 새를 돌보지 않았기 때문이다. 새를 돌보는 방법은, 새가 깊은 숲에 깃들고 넓은 들에서 놀며 강이나 호수 위를 떠다니며 마음대로 먹이를 잡아먹고 제 무리를 따라 만족스럽게 살도록 그냥 내버려 두는 것이기 때문이다.

아주 짧은 이 이야기에서 장자는 바닷새에 비유하여, 사람들이 스스로의 삶을 돌보는 방법이 아주 잘못되어 있음을 풍자하고 있다. 새에게는 새 나름의 삶의 방식이 있는데, 노나라 임금은 자신이 좋아하는 대로 새를 돌보았다. 그 결과는 새의 죽음이었다. 이 이야기는 다른 사람을 대하는 태도는 물론 자녀양육과 관련해서 여러 가지 생각을 하게 한다.

우리의 양육은 어떠한가? 그야말로 무한경쟁 시대의 생존을 위한 군비 확보에 지나지 않아 보이는 건 왜일까? 아이의 밝은 미래를 위해서라는 목적으로 부모의 눈을 가리고 있지만, 이 양육의 최종점을 살펴보면 결국 먹고사는 능력을 키워 주는 것에 지나지 않는다. 나 역시 아이를 둔 부모로서 참으로 비수가 되는 말이 아닐 수 없다. 물론 그것이 틀렸다고 할 수는 없다. 나날이 치열해져 가는 삶 속에서 이것이 최선의 선택이라는 생각을 떨쳐 버릴 수 없는 것도 사실이다. 내 아이의 안위와 행복을 위한 (나를 비롯한) 부모의 노력을 모르는 바도 아니다.

그럼에도 이에 대해 이야기할 수밖에 없고 다 같이 고민해 보자고 권할 수밖에 없는 이유는, 최선의 길을 선택했음에도 부모들은 여전히 자녀를 키우며 불안해하고 자책과 후회에 시달리고 있기 때문이다. 이는 모든 사람이 맞다고 생각하는 정답을 추구할 뿐, 스스로의 해결책을 찾지 못했기 때문이다. 그렇기 때문에 과연 이 길이 맞는 것인지 잘하고 있는 것인지 두렵고, 최선을 선택했음에도 자꾸 아이와 어긋나는 것만 같은 느낌에 회의가 드는 것이다.

자녀를 기른다는 것은 어떤 정답이 있는 것이 아니라 각각에 맞는 해결책이 필요한 사안이다. 그렇기에 모든 부모와 자녀에게 맞는 해결

책이란 있을 수 없다. 양육은 이래야 한다, 이렇게 해야 성공한다는 무수히 많은 방법론들이 유행을 타듯 등장했다 사라지는 이유도 여기에 있지 않을까.

이 책은 교육학을 전공한 교육학자가 쓴 글이 아니다. 언뜻 보면 양육과 거리가 먼 정신분석학(심리학), 윤리학, 역사학, 동양철학, 영문학을 전공한 인문학자들이다. 우리는 그동안의 양육 방법들에서 벗어나 잠시 시선을 돌려 보고자 했다. '인성 교육이 먼저인가? 아이의 이득이 먼저인가?' 처럼 수많은 가치들 사이에서 방황하며 흔들리는 부모들의 길잡이가 되어 줄 바른 양육관을 찾아보고자 하였다. 그리하여 아이에게 무슨 교육을 시키고 가르침을 줘야 할지 고민하기 전에 어떤 부모가 되어야 할지 들려주고자 하였다. 부모로서 바로 설 수 있다면 고민 많던 양육도 즐거워지고 아이도 바르게 성장시킬 수 있지 않을까.

생각하기에 따라서, 과연 인문학이 자녀양육에 대해 무슨 이야기를 할 수 있을까 의문을 갖는 분도 있을 수 있다. 하지만 우리가 배우는 대부분의 지식이 근대 이후에 만들어진 것이라면, 인문학은 인간이 문명과 문자를 발명하면서 시작된 '가장 오래된 지혜의 보고寶庫'라는 점을 생각해 보았으면 하는 바람이다. 인문학은 곧 인간의 삶에 관한 문제이며, 자녀양육이란 부모와 아이의 합주다. 이는 부모에게 인문학적 소양과 지혜가 필요한 이유이며, 인문학에 자녀양육을 묻는 까닭이다.

이를 위해 각 분야의 인문학자들이 '윤리, 교육, 공부, 마음, 관점'과 같은 양육의 근본이 되는 키워드를 주제로 살펴보았다. 인문학을 공부한 우리 필자들은, 학자이면서 동시에 부모이기도 하다. 아이를 키우는 같은 부모의 입장에서 함께 양육을 고민하며 찾아낸 지혜와 조언만을 담고자 하였다. 특별한 지식 없이도 누구나 즐겁게 읽고 도움을 얻을 수 있도록 쉽게 풀어 설명하였다. 부디 이 책이 오늘도 자녀와 힘겨운 싸움을 하고 있는 부모들에게 든든한 동지이자 양육의 길잡이가 되어 줄 수 있기를 바란다.

필자 가운데 하나인 김시천 쓰다

CONTENTS

1장 착하면 바보가 되는 시대, 어떻게 가르쳐야 할까?

_윤리학이 답하다

2장 부모 마음, 아이 마음 어떻게 균형을 잡아야 할까?

_프로이트가 답하다

3장 자신의 시선에 아이를 가두는 부모에게

_셰익스피어가 말을 건네다

4장 독이 되고 있는 부모의 교육열, 진짜 교육은 무엇일까?
_동양고전이 답하다

5장 공부를 포기할 수 없는 부모를 위해

_선현의 교육에서 답을 찾다

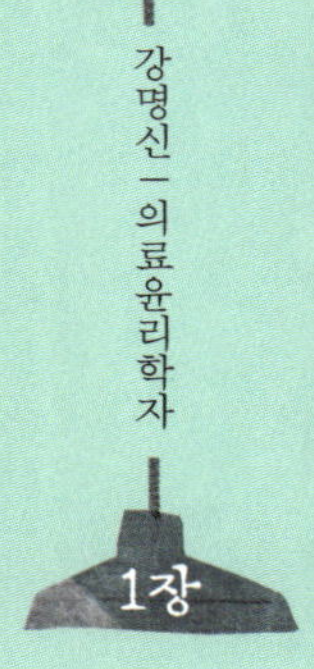

착하면 바보가 되는 시대, 어떻게 가르쳐야 할까?

_윤리학이 답하다

"착하면 손해 보는 세상에서 우리 아이를 왜 착하게 키워야 할까요?"

윤리학자로서 양육에 관한 강연을 나가게 되면 가장 많이 받는 질문이 바로 이것과 관련된 물음이다.

그 시작은 정확히 알 수 없지만 언젠가부터 우리 사회에는 착하면 손해 본다는 문장이 가슴속 깊이 뿌리를 내리고 있다. 그리고 이 질문에 "착하면 손해 보는 세상이 아닙니다. 그러니 아이를 착하게 키우세요."라고 일말의 머뭇거림 없이 답할 수 없는 것 또한 사실이다. 윤리학자로서 참 답답하고 안타까운 노릇이다.

나 역시 아이를 키우는 부모로서, 한번은 아이들에게 같은 반에 흔히 왕따라고 하는 집단 따돌림이나 괴롭힘을 당하는 아이가 있는지 물어본 적이 있다. 아이는 너무도 당연하게 "있다."고 대답했다. 망설임 없는 대답에 놀라 그러면 너는 그걸 가만히 두고 보냐고 물었더니, 돌아온 아이의 대답이 의외였다. "엄마, 내가 가만히 있는 게 그 애를 도와주는 거야. 내가 나서서 선생님한테 이르거나 도움을 주려고 하면 괴롭히는 애들에게 더 심하게 보복 당할걸?"

아이와의 짧은 대화 중 순간 머릿속에 든 생각은 괴롭힘에 대한 윤리도덕이나 방관자인 다수에 대한 윤리도덕에 대한 것이 아니라 부모로서 내 아이에 대한 걱정이었다. '내가 섣불리 조언을 했다가 괜히 우리 아이가 피해자가 될 수도 있겠다.'는 생각이 들었던 것이다. 그 사실을 깨닫는 순간, 나도 어쩔 수 없는 부모구나 싶었다.

　부모가 되면 자녀의 일에 옳고 그름을 논하기 쉽지 않다. 그리고 그런 부모의 입장을 도덕적으로 평가할 수도 없다. 어쩌면 이번 기회에 이런 딜레마 속에서 혼란을 겪는 부모들에게 어떤 방향을 말해 줄 수 있었으면, 하고 바라본다. 따라서 '그럼에도 불구하고 인간은 왜 윤리적이어야 하는가' 하는 어려운 철학 이야기는 잠시 미뤄 두고 '착하다'라는 개념에 대한 바른 인식과 그 속에서 아이들을 어떻게 이끌어 나가야 하는지, 그리고 이를 위해서 아이들에게 꼭 가르쳐야 할 것이 무엇인지에 대해 이야기를 나누어 보고자 한다.

윤리학이란
무엇일까?

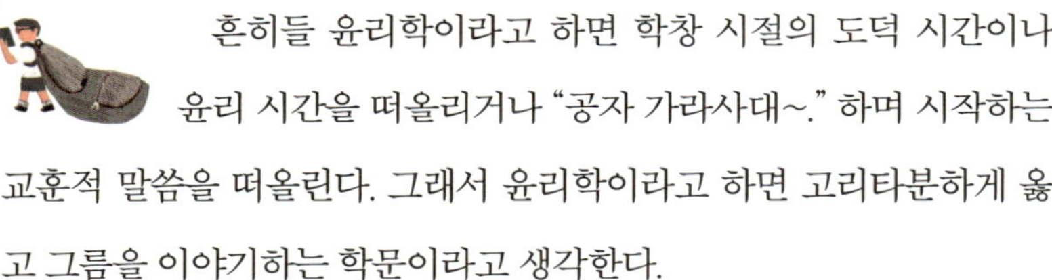

흔히들 윤리학이라고 하면 학창 시절의 도덕 시간이나 윤리 시간을 떠올리거나 "공자 가라사대~." 하며 시작하는 교훈적 말씀을 떠올린다. 그래서 윤리학이라고 하면 고리타분하게 옳고 그름을 이야기하는 학문이라고 생각한다.

물론 이런 생각이 완전히 틀렸다고 할 수 없다. 윤리 도덕 시간에 배웠던 옳고 그름을 다루는 문제도 윤리학에서 다루는 한 부분이고, 공자나 맹자의 가르침 또한 윤리 사상에서 다루는 주요 내용 중 하나다. 하지만 이런 일부분만을 가지고 윤리학을 단순히 옳고 그름이나 해야 할 것과 하지 말아야 할 것을 논하는 학문이라고 정의하기는 어렵다.

그렇다면 윤리와 도덕은 같은 것일까, 다른 것일까? 흔히들 도덕과 윤리를 거의 같은 것으로 여기기도 하지만 무언가 약간의 차이가 있지 않을까 생각하기도 한다. 사실 도덕은 윤리에 포함되는 개념인 탓에 구분 지을 필요가 없지만, 명확한 차이를 알기 위해 굳이 나누어 설명하면 다음과 같다. 도덕은 '행위의 금지와 허용'에 대한 것으로 최소한의 도덕을 의미한다고 할 수 있다. 이때 말하는 최소한의 도덕이란 이 세상은 혼자 사는 것이 아니니 서로 지키면 좋은 덕목이나 해서는 안 되는 금지된 행위의 목록이라고 할 수 있다.

간단하게 정리하자면 이렇다. 우선 도덕은 '사람 사이에 해서는 안 되는 행동은 무엇인가'에 관한 것이고, 윤리는 이러한 '도덕이라는 가치를 포함해서 어떻게 살 것인가'에 관한 것이다. 다시 정리하면, 도덕은 어떤 사회와 시대 속에서 사람 사이에 지켜야 할 규범에 대한 것이다. 사람은 살아가면서 해서는 안 되는 행동이 있고 해도 되는 행동이 있다. 또 해도 되고 안 해도 되는 행동도 있다. 이렇듯 행동의 금지와 허용에 대한 규범이 도덕이라고 보면 된다. 그에 비해 윤리는 도덕을 포함하여 삶의 가치관과 의미에 대한 것이다.

초등학교 저학년 때는 바른생활을 배우고, 중·고학년부터는 도덕을 배우고, 고등학교부터는 윤리를 배우는 까닭도 이런 이유에서다. 아이가 어렸을 때에는 '약속을 지키자, 거짓말을 하면 안 된다' 같은 옳고 그름이나 명확한 행동 규칙에 관한 것들을 익히고, 자라면서 사고력이 높아짐에 따라 동서양의 사상이나 사회론, 국가론 등을 비롯해 그 안에서의 자아실현이나 공사公私의 구분에 대한 보다 철학적인 주제로 나아가는 것이다.

이쯤 되면 윤리학이 무엇인지 어느 정도 눈치를 챈 사람도 있을 것이다. 그렇다. 윤리는 본질적으로 따지자면 철학에 한 갈래다. 인문학이라고 하면 보통 문학, 사학, 철학을 꼽는다. 그중 철학이 주제로 삼는 문제는 세 가지다. '세상에 존재하는 것의 운영 원리는 무엇인가?' '우리는 존재를 혹은 원리를 어떻게 아는가?' '우리는 어떻게 살 것인가?' 하는 것이다. 그리고 바로 이 세 번째 문제가 윤리학의 문제다. 바로 '어떻게 살 것인가?'를 고민하는 학문이 윤리학이다.

즉 윤리학적 사고를 통해 부모인 나는 '어떻게 살아야 하는가?' '아이에게 어떻게 살라고 가르쳐야 하는가?'에 대한 답을 찾는 것이 이번 시간 우리가 풀어 가야 할 숙제이자 해 나가야 할 과제다.

지금 이 시대의
바른 양육이란

우리는 이렇게 생각한다. 일등만 알아주는 세상에서 타인에게 양보할 이유가 없다고 말이다. 그러나 수단과 방법을 가리지 않고 이기려고 하는 것은 아니 될 일이다. 이처럼 윤리학으로 자녀양육에 대해 말하고자 하는 까닭은 일차적으로는 아이에게 기본적으로 가르쳐야 할 '바름'에 대해 알려 주기 위해서다.

어느 선생님이 쓴 글에서 본 문장이다.

"일등이 아니면 안 된다고 말하는 세상 속에서 자녀를 키우다 보면 자녀에게 '양보보다는 자신의 이익'을 먼저 챙기라고 말하고 싶어집니다. 이는 자녀를 위해 사는 부모의 입장에서는 너무 당연한 일입니다. 부모의 인성이 나빠서도, 부모의 도덕관이 잘못되어서도 아닙니다."

그럼에도 불구하고 이 선생님이 내린 결론은 이럴 때일수록 부모는 '바름'과 '도덕'으로 돌아와야 한다는 것이었다. 여기서 바름이나 도덕은 해야 할 것과 하지 말아야 할 것에 관한 것으로 최소한의 도덕을 의미한다.

최소한의 도덕은 모든 사람이 지켜야 하는 것으로, 어려서부터 반드시 가르쳐야 한다. ‘바늘 도둑이 소 도둑이 되지 않도록’, 이로 인해 아이의 미래를 그르치는 일이 없도록 말이다. 특히 도덕적 개념을 익혀 나가는 시기의 어린아이일수록 이는 대단히 중요하다.

이에 대해 떠오르는 좋은 예가 바로 〈이솝우화〉에 나오는 ‘도둑과 그의 어머니’라는 이야기다.

어린 아들이 학교에서 같은 반 아이의 석판을 훔쳐서 집으로 돌아왔다. 어머니는 눈에 넣어도 아프지 않을 귀한 아들인지라 아들의 잘못된 행동을 보고도 야단을 치지 않고 오히려 장한 일을 하였다는 듯이 칭찬해 주었다. 이후 아이는 커 가며 점점 더 값지고 비싼 물건들을 훔치더니 마침내는 큰 범죄를 저지르고 말았다. 결국 이 일로 인해 아들은 사형 선고를 받게 되었다. 형장으로 끌려가는 아들의 뒤를 그의 어머니가 울고불고 하며 뒤따랐다. 형이 집행되기 직전에 아들은 형리에게 마지막으로 잠시 어머니에게 긴히 드릴 말씀이 있다고 허락을 구한 뒤 어머니를 가까이 불렀다.

어머니는 아들이 남길 마지막 이야기가 무엇인가 궁금해 귀를 쫑긋 내밀었다. 그러자 아들은 그 귀를 사정없이 물어뜯어 버렸다. 이를 본 사람들이 남의 것을 훔치는 도둑이 이제는 어머니의 귀까지 물어뜯는다며 패륜아라고 욕을 했다. 그러자 아들은 이렇게 대답했다.

“나를 망치게 한 원인은 우리 어머니요. 내가 학교에서 석판을 훔쳐 왔을 때 어머니가 야단을 쳐주었다면, 내가 이렇게 젊은 나이로 최후를 마치지는 않았을 것이오."

이 이야기는 자식을 기르는 부모의 역할이 중요하다는 것을 알려 주는 좋은 일화다. 어릴 때 옳고 그름에 대해 제대로 가르쳐 주지 않아 이야기 속 어머니는 아들을 소도둑으로 만들고 말았다. 자녀를 어여삐 여기는 과한 모정이 오히려 자식의 미래를 망친 것이다.

도덕적으로 금지되는 행동은, 즉 남에게 해가 되는 행동은 해서는 안 되는 행위이자 비난받아야 할 일이므로 자기 자식이건 남의 자식이건 동일하게 야단을 쳐야 한다. 다른 아이가 해서는 안 되는 행동이라면 자기 아이도 해서는 안 되는 것이다. 다른 아이는 안 되지만 내 아이는 괜찮다는 태도는 비도덕적일 뿐 아니라 오히려 아이에게 해가 된다는 사실을 명심해야 한다.

사실 도덕적으로 말하는 옳고 그름은 대부분 답이 명확하다. '남의 물건을 훔쳐서는 안 된다. 거짓말을 해서는 안 된다. 어려움에 처한 사람을 도와줘야 한다. 자신보다 약하고 힘든 사람에게 양보해야 한다'처럼 대단히 명료하여, 시험 문제로 낸다면 수월하게 답을 찾을 수 있다. 그러나 이것이 윤리의 문제로 넘어오면 옳고 그름을 판단하는 것이 그리 쉽지 않다.

아이 몸에 난 작은 상처 하나에도 마음이 미어지는 게 부모다. 그런데 아이가 친구에게 맞고 들어온다면, 또는 다른 아이가 부정행위를 하는 바람에 우리 아이가 일등을 놓친다면 과연 상식적으로 알고 있는 올바름을 아이에게 가르칠 수 있을까? "너도 그 애를 때려 줘라!" "너도 그럼 부정행위를 해라!"라고 차마 입 밖으로 꺼내지는 못하겠지만 부모 마음속에서는 이미 내 아이를 때린 상대 아이를 한 대 쥐어박거나 혼쭐을 내주고 싶은 마음이 굴뚝같을 것이다. 또 상대 아이의 부정행위에 대해 선생님에게 알려 우리 아이의 일등을 되찾아 오고 싶은 마음이 들 것이다. 단지 옳고 그름을 논하는 가치 판단을 넘어서서 어떤 상황에서 어떤 가치에 따라 행동하는 것이 좋을지조차 난감한 상황에 처하게 된다. 물론 윤리학적으로는 방어를 위해 맞고만 있지 말고 때려 줘도 된다고 말할 수 있다. 그러나 남이 부정행위를 한다고 너도 해도 된다고 말할 수는 없다. 공정한 경쟁의 규칙이 모두에게 적용되기 때문이다.

이처럼 부모의 역할은 단지 옳고 그름이나 해야 할 것과 하지 말아야 할 것을 일러 주는 데서 끝나지 않는다. 부모가 되어 아이를 기르다 보면 필연적으로 난감한 문제들에 부딪히게 된다. 심지어 자기 아이의 이익 앞에서 옳고 그름을 판단하는 일조차도 딜레마에 놓이게 된다. 부모는 내 아이가 입는 손해 앞에서 예민해질 수밖에 없다. 그러다 보니 어떤 가치를 우선하여 아이를 양육해야 할지 혼란에 빠지고 판단을 망설이게 된다.

앞서 선생님이 말한 것처럼 일등만을 알아주는, 즉 강력하고 견고한 경쟁의 울타리 안에서 살아가는 현대 사회에서는 성과나 결과를 중

부모의 역할은

단지 옳고 그름이나 해야 할 것과 하지 말아야 할 것을

일러 주는 데서 끝나지 않는다.

자기 아이의 이익 앞에서

옳고 그름을 판단하는 일조차도 딜레마에 놓이게 된다.

부모는 내 아이가 입는 손해 앞에서 예민해질 수밖에 없다.

그러다 보니 어떤 가치를 우선하여 아이를 양육해야 할지

혼란에 빠지고 판단을 망설이게 된다.

요하게 여기고, 또 이를 바탕으로 인간을 평가하고 등급을 매긴다. 그렇지 않아도 착하면 손해라는 인식이 깔려 있는 요즘 세상에서 아이의 이익을 포기하면서까지 바름을 행하라고 가르치기는 어렵다. 그리고 아이의 이익을 바라는 이런 부모의 행동을 잘못된 것이라고도 비도덕적이라고도 할 수 없다.

아이를 키우며 딜레마에 놓이게 되는 순간마다 부모는 답답하고 난감하다. 하지만 아이를 잘 길러야 할 책임을 지고 있는 이상 그 결정을 미룰 수 없다. 어떤 누구도 부모의 결정을 대신해 주지 않는다. 그때마다 윤리학이 어떤 명쾌한 답을 내려 줄 것이고는 말할 수 없으나 적어도 아이를 키우는 데 있어서 한줄기의 방향을 제시해 줄 수는 있을 것같다.

착한 아이로
키우지 마라

윤리학이 제시하는 한줄기의 방향이란 무엇일까? 윤리학으로 줄 수 있는 자녀양육의 답은 '착한 아이가 아니라 좋은 아이로 키우라'는 것이다. 착한 아이와 좋은 아이라는 말은 언뜻 보면 서로 같은 의미인 듯하지만, 사실 매우 다르게 사용되곤 한다.

'착하다'라고 하는 말은 말하는 사람의 입장에 준하며, 굉장히 주관적이고 상대적인 평가 개념으로 사용될 때가 많다. 그도 그럴 것이 언행이나 마음씨가 곱고 바르다는 뜻의 착하다는 말은 사람과 상황에 따라 기준이 바뀐다. 평소 밥을 잘 안 먹어 부모 속을 애태우던 아이는 밥을 잘 먹기만 해도 착하다는 칭찬을 받는다. 즉 부모의 입장에서는 부모의 말을 잘 듣고 순종하는 아이요, 선생의 입장에서는 명령과 규칙에 잘 따르고 성실한 아이요, 친구들 사이에서는 나에게 친절하고 내 말을 잘 들어주는 친구를 착하다고 말한다. 이렇듯 착하다, 혹은 착한 아이라는 표현은 대단히 개인적이고 주관적으로 사용된다.

하지만 좋은 아이라고 평하기 위해서는 이보다 더 객관적인 명분이 필요하다. 그게 무엇일까? 남들이 하지 못하는 이로운 일을 하거나 잘못된 일을 용기 내어 바로 잡는 것처럼 누가 보아도 좋은 일을 했구나 하고 인정할 수 있는 이유가 필요하다. 꼭 이타적인 행동이 아닐지라도 남에게 해를 끼치지 않고 자신의 일을 스스로 잘하는 경우도 마찬가지다. 모두가 인정할 수 있는 객관적인 이유가 있어야 좋은 아이라 말할 수 있다.

인도의 민족해방운동을 이끈 지도자로서 노벨 평화상을 받은 간디를 보고 사람들은 좋은 사람 또는 훌륭한 사람이라고 말하지 착한 사람 혹은 친절한 사람이라고 하지는 않는다. 즉 그가 한 일에 대해 내린 객관적인 평가이지 그의 개인적인 성격이나 그와 친분 있는 누군가가 내린 평가가 아니다.

어쩌면 간디의 무저항 · 불복종 · 비폭력 · 비협력주의에 의한 독립운동에 대해 반대의 생각을 가진 사람도 있을 것이다. 그의 비폭력 방식이 세상을 바꾸는 데 과연 효과가 있었을지, 목적을 달성하는 데 별 도움이 안 되는 무모한 방식은 아니었을지 의문을 갖고 간디의 사상에 반대하는 사람도 있을 수 있다. 이처럼 자신의 생각과 다른 생각에 의문을 품을 수 있는 것, 반대의 목소리를 높이고 대화할 수 있는 것이 바로 객관적인 평가다.

이러한 대화를 윤리적인 진술이라고 하는데, 그에 반해 "쟤는 나한테 참 잘해!" "쟤는 참 착해!"라는 말은 지극히 개인적이고 상대적인 평가이므로 "그렇구나!" 혹은 "나는 그렇게 생각하지 않는데." 하는 식의 대화에 머물 뿐이다. 이보다 더 깊은 대화나 논쟁은 할 수 없다.

우리 아이를 부모 말에 순종하며 남의 기분을 맞추기 위해서 애써 웃음을 짓는 착한 아이로 키워서는 안 된다. 남의 기분과 기준에 맞추기 위해 '나'의 정체성을 숨기거나 잃는 아이가 아니라 스스로 주체가 되어 움직이는 아이로 키워야 한다. 인간관계에서뿐만 아니라 공부에 있어서도 마찬가지다. 착한 아이는 수동적으로 움직이지만 스스로 주체가 되는 좋은 아이는 능동적으로 움직인다. 좋은 아이는 자신이 공부를 해야 할 이유를 찾고 명분을 세우기 때문에 자신이 하고 싶은 일, 해야 할 일들에 대해 머뭇거림이 없다.

건전한 이기주의를 가르쳐라

흔히들 윤리 도덕이라고 하면 이타주의를 강조하며 가르치는 것으로 생각하는 경우가 많은데 그렇지 않다. 그 어느 때에도 절대적인 선, 즉 옳음을 행하기란 수많은 고전을 통해 성인군자도 힘들어했음을 알 수 있다. 더군다나 내 아이를 성인군자로 만들기에 이 세상은 감수해야 할 위험 요소가 너무 많다. 세상에는 절대적인 악인이 존재하고, 내 것만 중요하고 남의 것은 중요하지 않는 이기적인 사람도 있다. 세상이 이러한데 아이를 위험에 노출시키면서까지 악인에게도 선을 베풀고

부모들은 내 아이가 모든 사람에게 사랑받기를 바라면서도,

자기 것을 챙기지 못하면서까지

다른 사람을 도와주기를 바라지는 않는다.

착해서 손해 보는 사람으로 키우고 싶어 하지 않는 것이다.

그래서 '건전한 이기주의'가 필요하다.

자기 이익을 희생하면서까지 도덕을 실천하라고 가르치는 것은 아이에게 아무런 득이 되지 않으며, 바람직하지도 않다.

우리는 누구나 남에게 해를 끼치지 않는 한, 도덕적으로 금지되는 행동을 하지 않는 한, 자기 이익을 추구할 자유가 있다. 그런데 이는 또 다른 중요하고도 곤란한 문제를 내포하고 있다. 아무리 이익 추구의 자유가 있을지라도 모두가 이를 추구하다 보면 모두 해를 입게 되는 상황이 초래될 수 있기 때문이다.

어떤 마을에서 집집마다 소 두 마리를 기른다고 하자. 매일 아침 모두가 마을 안에 있는 들판에 소를 데리고 나와 풀을 먹인다면, 어느새 들판의 풀은 모조리 사라지고 더 이상 소들은 먹을 것이 없게 된다. 어촌도 마찬가지다. 특정 어종의 값이 올랐다고 해서 그 생선의 치어까지 모조리 잡아들인다면 씨가 마르게 된다. 모두가 이익 추구의 자유를 누릴 때 서로의 자유가 충돌하는 것은 너무나 당연한 일이다. 휴일날 놀러가기 위해 너도나도 차를 끌고 도로로 나온다면 어떻게 되겠는가.

남에게 해를 미치지 않는 한 무엇을 하든지 자기의 이익을 추구하는 것은 허용되지만, 이처럼 모두가 자기 이익만을 추구하다 보면 이익은 커녕 비극을 맞이하게 된다. 따라서 공동체에서는 필연적으로 나름의 규칙과 질서의 항목이 생겨난다. 이 중에는 지키지 않으면 법으로 처벌받는 것도 있지만, 개인의 자율에 맡기는 것도 있다. 이때 비록 법적인 제재가 없는 것일지라도 '해서는 안 되는 것', '남에게 피해를 주는 행동'이라는 개념이 바로잡혀 있어야 한다.

사람들은 이타주의를 이기주의와 대치시켜 놓고 이기주의가 나쁜 것인 것처럼 생각하는데 '건전한 이기주의'야말로 현대 사회가 나아가야 할 최선이라 할 수 있다. 건전한 이기주의란 남에게 피해를 주지 않는 선에서 충분히 개인의 이익을 추구하고 자유를 누리는 것을 뜻한다. 남에게 피해를 주면서까지 자신의 이익만을 좇는 막무가내의 이기주의는 남뿐 아니라 오히려 자신에게도 피해를 준다는 사실을 아이에게도 분명하게 가르쳐야 한다.

부모들은 내 아이가 모든 사람에게 사랑받기를 바라면서도, 자기 것을 챙기지 못하면서까지 다른 사람을 도와주기를 바라지는 않는다. 착해서 손해 보는 사람으로 키우고 싶어 하지 않는 것이다. 그리고 이는 얼마든지 가능하다. 아이에게 자신의 자유와 이익을 추구하라고 가르치되, 남에게 피해를 주는 행위에 대해서도 분명하게 인지시키고 엄격하게 가르치는 것이다. 이것이 결국은 아이의 이익을 보장해 주는 길이기도 하다.

윤리학에서 바라보는
양육의 문제

윤리학에서 바라보는 주된 양육의 문제는 '돌봄'과 '자율성' 사이에서의 갈등이다. 즉 부모가 해주는 양육과 아이 스스로 하게 하는 양육 사이에서 겪는 갈등이라고 할 수 있다.

자율성이라고 하면 자유의 이미지가 강하지만, 그에 따른 결과 때문에 한계가 있다. 이는 스스로 자유를 누리는 권리만큼 책임의 몫이 주어지는 것을 의미한다. 아이에게 행동의 자유(자율성)를 주되 엄격한 기준 아래 이에 대해 평가하고 처벌하는 것이다. 따라서 이 자율성은 칸트의 도덕 철학에 따르면 '정의'라는 개념으로도 대신할 수 있다. 잘하면 상을 주고 잘못하면 벌을 주는 모습은 정의를 실현하는 제도적 장치인 우리의 법과도 닮아 있기 때문이다.

사실 이 두 가지 가치의 충돌은 사회에서도 종종 일어난다. 돌봄의 가치는 '정, 인정의 가치'로 이어지는데, 인정과 정의 사이에서 제대로 중심을 잡지 못해 발생하는 흔한 폐해가 바로 부정부패다. 사회적 규모가 좁았던 전통 사회에서는 정이 두레나 품앗이처럼 서로 돕고 위하는 기능을 했으나, 현대 사회에서는 이런 긍정적인 기능보다는 지연, 학연에 의한 불공정한 보상처럼 부정적인 결과를 초래하기도 한다. 정이라고 하면 응당 좋은 개념처럼 느껴지지만 반대되는 부작용도 존재하는 것이다. 이는 마땅히 경계하고 차단해야 할 것들이다.

양육은 결국 이 두 가지 가치 사이에서 '해줄 것인가? 말 것인가?'를 결정하는 문제다. 아이에게 언제까지 대신 음식을 먹여 줄 것인가, 언제까지 옷을 대신 입혀 줄 것인가, 언제까지 숙제를 도와주고 준비물을 챙겨 줄 것인가, 언제까지 아이 대신 결정하고 간섭할 것인가, 언제까지 경제적으로 도움을 줄 것인가 등등. 생각해 보면 아이가 태어나면서부터 성인이 되어서까지도 돌봄과 자율성 사이에서 부모는 갈등의 끈을 쉽게 놓지 못한다.

부모의 마음이야 내 아이를 위해서라면 기꺼이, 언제까지고, 설사 내 몸 하나 망가지는 한이 있더라도 뭐든 해주고 싶다. 그러나 아이를 위한다면 아이가 어렸을 때부터 자율성 쪽에 자리 하나를 뚝딱 떼어 내주어야 한다. 자녀양육에 있어 가장 바람직한 형태는 자율성의 자리를 마련해 두는 것으로 시작해, 아이가 자람에 따라 돌봄의 영역은 점점 줄여 나가고 자율성의 영역은 점점 늘려 나가는 것이다. 자율성은 아주 어렸을 때부터 훈련을 통해 배워야 하기 때문이다.

아이마다 기저귀를 떼거나, 걸음마를 시작하는 시기는 다르다. 하지만 누구나 기저귀를 떼고 스스로 걸음을 걷는 시기를 맞이하게 되는 것처럼 자율성은 아이가 제대로 성장하기 위해, 제대로 된 성인이 되기 위해 꼭 갖추어야 할 자질이다. 게다가 자율성의 문제는 삶의 질을 결정하는 문제이기도 하다. 누군가의 결정에 따라 수동적으로 움직이는 것이 아니라 자기 스스로 동기 부여를 하고 자신의 생각과 결정에 따라 행동하는 바탕이 되기 때문이다. 그만큼 자율성이 있고 없고에 따라 어떤 일에 대한 과정과 결과의 차이도 크다.

가장 쉬운 예로 공부를 들 수 있다. 동기가 명확하고 스스로 필요에 의해 공부하는 아이는 공부가 즐겁고 성취감과 성취율 또한 높다. "공부하기 싫어!" "학원가기 싫어!"라고 불평하며 마지못해 부모의 강압과 잔소리에 공부하는 아이들과는 다를 수밖에 없다. 즐겁게 공부할 수 있도록 동기를 부여하자는 방법론은 이렇듯 자율성에서 비롯된 것이다.

사람들은 대부분 자율성이라고 하면 자유와 비슷한 개념으로 여겨 스스로 행동을 결정하고 이행한다는 의미 정도로 생각하는 경향이 있다. 그러나 앞에서도 말했듯 자율성은 책임의 의미와 함께 자신의 원칙에 따라 어떤 일을 하거나 스스로 자신을 통제하여 절제하는 것을 뜻한다. 즉 내키는 대로 결정하고 행하는 것이 아닌, 뚜렷한 자기만의 원칙과 철학이 전제되어야 한다. 그러다 보니 자율성을 키워 가는 과정 과정에서 자연스럽게 어떤 일에 대해 고민하고 비판하는 사고 과정을 겪을 수밖에 없다. 이는 인격적으로도 성숙하는 기회가 된다.

그래서인지 자율성을 가진 아이는 어릴 때부터 자기주장이 분명하고 어떤 일을 해내고자 하는 의지가 강하다. 그리고 자신의 생각대로 일을 추진해 나가는 과정에서 개성을 드러낸다. 여기에 특정 분야에 대한 전문성과 창의성, 사람들과 조화롭게 지낼 수 있는 사회성 그리고 개인의 능력을 사회를 위해 사용하는 선함까지 겸비한다면 그야말로 미래 사회가 원하는 인재이자 미래 사회에 꼭 필요한 인재라고 할 수 있을 것이다. 따라서 아이에게 자율성을 길러 주는 일은 아이 개인의 행복한 삶을 위해서도, 좋은 사회를 만들기 위해서도 꼭 필요한 일이다.

서머힐 학교에서 배우다

아이들에게 자율성을 길러 주는 것이 얼마나 중요한지 알려 주는 좋은 예가 있다. 바로 『학교란 무엇인가』에 소개된, 영국의 유명한 대안 학교인 서머힐이다.

이곳 아이들은 자신이 하고 싶을 때 공부를 한다. 수업 시간이 따로 정해져 있지도 않으며 아이들에게는 수업에 들어오지 않을 권리가 있다. 종일 잠을 자거나 숲 속에서 뛰어놀아도 아무도 뭐라고 하지 않는다. 서머힐에서는 놀이 또한 공부이고, 아이들이 경험을 통해 알게 되는 모든 것을 지식이라고 말한다. 저마다 다른 특징과 능력을 갖고 있는 아이들에게 획일적이고 일방적인 수업으로 전달하는 지식은 한계가 있다고 본 것이다.

즐겁게 놀고 경험하며 스스로의 생각에 따라 행동하며 얻은 배움의 성과는 대단하다. 아이들은 놀면서 자신이 무엇을 잘하는지 알아 가고, 자신의 선택에 의해 배움에 임한다. 선생님들은 아이가 배움을 요청할 때면 언제든 가르침을 제공한다. 그 과정은 즐겁고, 그 성과는 실로 대단할 수밖에 없다.

실제로 서머힐 학생들의 성적은 다른 학교 학생들보다 우수하다. 서머힐의 아이들은 공부 시기를 스스로 결정하기 때문에 다른 일반 학교에 다니는 아이들의 나이나 학년에 비해 빠르거나 늦곤 한다. 그러나 보통 영국의 아이들이 8년 동안 배우는 과정을 서머힐 아이들은 2년 만에 따라잡는다고 한다.

처음에 서머힐의 교육 방식을 인정하지 않았던 영국교육청은 2007년에 이르러 이 학교에 대한 색다른 평가를 내놓았다. 학교 시설과 교육 자재, 수업의 질 등 모든 면에서 우수한 점수를 주었던 것이다.

서머힐 학교의 사례를 보면서 언젠가 들었던 안타까운 한 이야기가 떠올랐다. 미국의 한 명문 대학에서는 한국 학생들의 입학 서류만 따로 한곳에 모아 둔다는 것이었다. 입학 원서에서 중요한 것은 자신의 생각을 쓰는 에세이인데, 한국 응시자들의 에세이는 모두 같은 내용들만 적혀 있어 굳이 읽을 필요가 없다는 게 그 이유였다. 대학에 입학할 나이면 곧 성인이 된다는 뜻이다. 심지어 미국 명문 대학에 진학할 정도라면 아주 어렸을 때부터 풍부한 교육적 혜택을 받으며 자랐을 텐데 그런 아이들이 자기만의 생각 한 줄조차 적지 못한다니, 안타까운 우리나라 교육 현실을 적나라하게 보여 준다.

자율성은 어느 날 갑자기 누군가 가르쳐 준다고 해서 생기는 것이 아니다. 어렸을 때부터 훈련이 되어야 스스로 주체가 되어 삶을 살아갈 수 있다.

아이들이 배움의 주체가 되어 스스로 생각하고 결정하는 서머힐에서는 자신들의 규칙 또한 아이들이 정한다. 단 이런 자유로운 학교에도 한 가지 규칙은 있다. 진정한 자유는 남에게 피해를 주거나 상처를 주어서는 안 된다는 것, 서머힐의 규칙은 이것을 바탕으로 한다. 남을 배려하는 마음과 스스로를 관리하고 절제하는 능력은 누가 가르쳐 주거나 억지로 강요한다고 해서 생기는 것이 아니다. 그것은 바로 자신의 생각과 행동을 인정받고 존중받아 본 경험들에서 비롯된다. 서머힐이 바로 그것을 증명하고 있다.

자율성을 가진 아이로
키워라

자율성을 가진 아이로 키우기 위해서는 어떻게 해야 할까? 우선 아이의 자아가 제대로 확립될 수 있도록 해야 하며 아이의 자율성을 인정해 주어야 한다.

유아기에 시작되는 자아 발달은 평생 영향을 미칠 만큼 중요하다. 특히 아이의 자아 발달은 윤리학에서도 매우 중요하다. 갓 태어난 아기는 세상과 자기를 구별하지 못한다. 배가 고파서 울면 엄마의 젖이나 우유가 제공이 되고 졸음을 느끼면 잘 수 있는 환경이 제공된다. 아기에게 세상은 언제나 자신의 필요에 응해 주는 존재다. 따라서 세상도 자기도 한 덩어리로 완벽하다고 느낀다.

그러다가 좀 더 자라면 세상이 자신의 말을 들어 주지 않는 것 같은 시기가 찾아온다. 대소변도 가려야 하고 밥도 스스로 먹어야 한다. 타인이 아닌 자신이 직접 자신의 요구에 응해야 하는 시기를 맞이하는 것이다. 이와 동시에 자신의 요구를 무조건 수용해 주지 않는 세상에 심리적 타격을 입게 된다.

자아 심리학자들은 이 시기 '최적의 좌절'을 경험시키는 것이 중요하다고 말한다. 아이가 자신의 능력, 에너지 등을 시험하고 발전시키는 과정에서 적절한 좌절을 경험할 수 있어야 한다는 것이다. 너무 쉬워서 권태롭게 해서도, 너무 어려워서 트라우마를 갖게 해서도 안 된다. 이 과정을 무난하게 잘 지나야 유아기의 자아 중심적 사고가 성취 자부심으로 성공적으로 전환될 수 있다.

따라서 세상과 처음 맞서는 아이를 부모가 어떻게 대하는지가 중요한데, 이를 위해서는 무엇이든 해줘 버릇하면 안 된다. 대소변 가리기로 시작할 수도 있고, 숟가락으로 국을 떠먹는 것으로 시작할 수도 있고, 계단을 혼자 오르는 것으로 시작할 수도 있고, 가방을 혼자 메는 것으로 시작할 수도 있다. 그동안 엄마가 건네는 웃음과 칭찬의 말들로 스스로의 특별함을 인식했다면, 이제부터는 서서히 내가 해냈다는 자부심으로 옮겨 가야 한다. 즉 '나는 최고다' 단계에서 '내가 해냈으니까 최고다' 단계로 넘어가야 한다. 이는 아이 성장에서 반드시 거쳐야 할 과정이다. 그렇지 않으면 근거 없는 나르시시즘을 가진, 실패를 받아들이지 못하는 아이 어른으로 자라게 된다.

앞서 양육은 아이가 자라는 동안 부모가 해줄 것인가 말 것인가를 끊임없이 갈등하는 문제라고 말했다. 보통 이런 말을 하면 부모들은 그 시기가 언제인지 궁금해하며 묻곤 한다. 사실 아이들마다 성장 속도가 다르기 때문에 정확히 언제, 어느 때라는 구체적인 시기는 없다. 다만 언제나 아이에게 스스로 해야 할 몫(과제)을 남겨 두는 것, 자율성의 자리를 남겨 주고자 노력하는 부모의 자세가 중요하다.

분명하게 말하지만 비록 아직 어린 아기일지라도 부모가 무엇이든 다 해주려고 하는 것은 좋지 않다. 비록 능숙하지 못하고 옷이 더러워질지라도 아이가 혼자 해보고자 한다면 이를 지지해 줘야 한다.

아이의 말에 귀를 기울여 주는 것은 아이를 지지해 주는 매우 좋은 방법이다. 판단이나 평가를 배제하고 아이의 이야기를 있는 그대로 수용하고 존중하며 공유해 줘야 한다. 이를 위해서는 마치 거울을 보듯이 상대의 메시지를 되비춰 주는 공감적 대화를 나눠야 한다.

아이에게 스스로 해볼 수 있도록 권장하고 "우와, 혼자서도 잘하네." "우리 ○○가 처음으로 해냈네." 하며 힘을 돋워 줘야 한다. 아이가 힘들어할 때는 "많이 힘들지? 이렇게 한번 해볼까?" 하고 전환을 시켜 주고, 어느새 너무 쉬워진 과제는 "그건 이제 정말 잘하는구나. 그러면 이제 이거 해볼까?" 하는 식으로 이끌어 줘야 한다.

언제까지나 엄마의 웃음과 칭찬이 만들어 낸 판타지 속에서 아이가 살아갈 수는 없다. 그렇다고 칭찬받고 싶은 욕구가 묵살되어서도, 노력해도 안 되었을 때 아이가 창피함, 죄책감을 느껴서도 안 된다. 아이의 자아 개념이 약해질 수 있기 때문이다.

물론 자아 의식은 어린 시절 완성된 후 그 시기를 놓치면 더 이상 개선의 여지가 없는 것이 아니다. 우리의 자아는 늘 취약하여 살아가면서 타격을 입고 무너지거나 자부심에 상처 입는 일이 허다하다. 그렇기에 지속적인 관리가 필요하며, 어른이 되어서도 공감적 대화를 나눌 수 있는 존재가 필요한 것이다.

무조건 존중하기

유아기를 벗어나기 시작한 아이는 스스로 할 수 있는 일이 많아지면서 활동 범위가 넓어진다. 이와 더불어 의사 표현, 사고 모든 것이 발달하고 성숙해진다. 이에 따라 자연스럽게 부모의 역할도 달라진다. 특히 초등학교 시기는 아이의 내적 동기를 통한 자율성 교육에 집중해야 한다.

부모들은 흔히 아이의 행동을 유도하기 위해 칭찬이나 보상, 벌과 같은 외적 동기를 활용한다. 물론 이에 대한 효과를 무시할 수는 없지만, 아이의 자율성 발달을 저해한다. 아이의 자율성을 북돋아 주는 방법은 '무조건 존중하기'에 있다.

윤리학이 말하는 자녀양육의 핵심은 통제와 순종 대신 자율성과 책임 의식을 심어 주는 것이라고 잘라 말할 수 있을 정도로 아이에게 자율성을 심어 주는 것은 매우 중요하다. 그리고 자율성을 갖게 하려면 자아 존중감을 빼놓을 수 없다.

한때 아이에게 자존감을 심어 주기 위한 방법으로 칭찬하기가 유행한 적이 있었다. 이미 앞서 설명하였듯이 칭찬, 상, 벌과 같은 방법은 자아 존중감과 자율성 발달에 바람직하지 않다. 『마음의 작동법』이라는 책을 보면 진정한 자아 존중감과 조건부 자아 존중감을 잘 구분하고 있다.

외적 동기에 자주 노출된 아이는 칭찬을 통해 자신의 가치를 깨달을 우려가 있다. 자신의 가치와 외부의 칭찬을 아이 스스로 구분할 수 있다면 다행이지만, 모든 아이가 가능한 것은 아니며 이를 위해서는 가르침과 훈련이 필요하다. 자신의 존재 그 자체만으로도 가치가 있음을 일깨워 줘야 한다.

부모가 시키는 대로 잘하고, 점수를 잘 받고, 방 청소를 깨끗이 해야 존재 가치가 생기는 것은 아니다. 이러한 조건부 칭찬은 조건부 자아 존중감을 발달시킬 위험이 있다. 더욱이 상이나 칭찬을 받기 위해, 벌을 피하기 위해 노력하는 사이 자율성을 쌓을 기회가 사라질 수 있음을 유념해야 한다. 물론 칭찬과 벌을 주면 부모가 옳다고 생각하는 방향으로 아이를 유도하기가 훨씬 수월하다. 그래서 많은 부모가 칭찬과 벌을 포기하지 못한다. 그런데 아이러니하게도 부모들은 아이가 자신의 말을 잘 들었으면 하면서도 아이가 자신의 삶을 스스로 개척해 나가기를 바란다.

『학교란 무엇인가』라는 책에서는 아이의 자율성을 키워 주는 긍정적인 방법을 소개하고 있다. 교육학자 알파 콘이 권하는 방법으로, 다음과 같다.

첫째, 아무 말 없이 지켜봐 주기다. "잘했다. 네가 한 게 맘에 든다."는 식의 말은 평가를 포함하고 있다. 누군가의 마음에 들기 위해 잘해야 하는 것은 아닌데 이런 식의 평가는 잘못된 외적 동기를 심어 준다. 아이에게 이런 생각을 심어 줘서는 안 된다.

둘째, 보고 있는 그대로 말로 표현해 주기다. "발가락을 그렸구나." 또는 "과자를 친구에게 나누어 주었구나!"라는 식으로 아이에게 자신의 행위를 인지시켜 줌으로써 아이 스스로 그것에 대해 생각하고 결정할 여지를 줄 수 있다. "발가락을 참 잘 그렸구나!"라고 말을 하면 아이는 칭찬을 받기 위해 이후에도 발가락을 그리게 될 것이다. 하지만 "발가락을 그렸구나!"라고 말을 하면 발가락을 그릴지 다른 것을 그릴지 생각해 보게 된다.

셋째, 질문하기다. 예를 들어 "과자를 왜 친구와 나눠 먹기로 했니?"라고 물어 아이에게 답을 구하는 것이다. 아이가 어느 정도 말귀를 알아듣는 나이가 되었다면, "잘했다. 착하다."로 일관하기보다 아이가 도덕적으로 바른 행동을 했을 때 왜 그런 행동을 했는지 물어보고 답을 들어야 한다. 이는 아이에게 자신의 행동을 돌아보게 하고 다른 사람을 존중하는 아이로 자라게 한다.

넷째, 과정에 집중해 주기다. 결과에만 집중할 경우 아이는 실패를 두려워하고 주눅이 들게 된다. 그렇지만 과정을 인정하고 그 과정에 대해 물어보는 것은 아이로 하여금 과정 중심의 사고를 하게 한다. 뿐만 아니라 실패에 대한 두려움이 적어져 다양한 시도를 하게 만든다.

지금처럼 결과 중심의 세상일수록 과정을 인정해 주는 일은 참으로 중요하다. 부모는 늘 아이의 행동이나 행동의 결과에 대해 그 과정도 반드시 물어 줄 수 있어야 한다. 결과에만 주목하는 것은 오히려 좋지 않다. 특히 행동이나 행동의 결과가 좋지 않을 경우 윽박지르기보다 아이에게 그럴 수밖에 없었던 이유에 대해 물어봐 주어야 한다.

이때 아이가 대답을 제대로 못한다고 해서 그 자리에서 끝장을 낼 것처럼 몰아붙여서는 안 된다. "고개 들고, 엄마 얼굴 봐봐. 왜 그랬어?" 하며 아이를 다그치기보다 아이가 생각을 정리하고 감정을 추스를 수 있도록 기다려 줄 줄 알아야 한다. 아이에게 부모는 잘 보이고 싶은 존재다. 그런 존재에게 자신의 잘못(좋지 않은 결과)에 대해 이야기를 꺼내는 것이 얼마나 어려운 일인지 헤아려 줘야 한다. 그렇다고 해서 아이의 결과물에 대해 부정적인 내색을 절대 해서는 안 된다는 것은 아니다. 다만 "무슨 핑계가 그리 많아! 잘못했으면 벌을 받아야지!" "엄마가 그렇게 하지 말라고 했지?"라고 하며 말 한마디도 꺼내기 힘들 정도로 아이를 몰아붙여서는 안 된다는 뜻이다.

아이의 행동에는 우리 어른이 생각하는 이유 말고 다른 정황이나 의미가 있을 수 있다. 『학교란 무엇인가』에서도 이런 대목이 나온다. 딸아이가 반항을 한다면 부모가 미처 모르고 지나간 어떤 일에 대한 앙갚음을 하는 것일 수도 있으며, 아들의 반항적 행동은 부모의 관심을 끌려는 것일 수도 있다고 말이다.

행동의 원인은 무수히 많다. 부모가 이를 헤아리지 않고 자신의 감정만을 앞세워서는 안 된다. 자율성이란 아이가 스스로 바람직하게 행동하고 자기 행동을 규제할 수 있는 능력인데, 부모가 자기 감정 하나 통제하지 못하고 아이를 대하면서 자율성을 가르치고자 한다면 모순일 수밖에 없다.

아이의 결정을 대신하지 않는다

부모가 아이를 기르며 유념해야 할 또 한 가지 중요한 것은 아이의 일을 대신 해주거나 결정해 주지 않아야 한다는 것이다. 내 자식이 남보다 뛰어나고 바르며, 별다른 어려움 없이 성공을 향해 나아갔으면 하는 것은 모든 부모의 바람일 것이다. 하지만 그렇다고 해서 부모가 자식의 일을 결정해서는 안 된다. 이것은 아이에게 자아 존중감과 자율성을 모두 빼앗는 행위다. 아이의 자아 존중감 발달은 아이를 독립된 인격체로 인정하고 대하는 것에서 출발한다. 따라서 아이의 생각이나 의견은 무시한 채 성공의 잣대를 기준 삼아 아이를 이끌어서는 안 된다.

많은 부모가 어렸을 때부터 "엄마(아빠)는 우리 ○○가 나중에 커서 ○○가 됐으면 좋겠어!"라는 말들을 무심코 너무도 쉽게 혹은 일부러 하곤 한다. 그 결과 아이들이 써낸 장래희망을 보면 그 시대의 성공적인 직업이 무엇일지 알 수 있을 정도다.

우리 아이들에게는 스스로 무언가를 할 시간도, 공간도 너무나 부족

우리 아이들에게는 스스로 무언가를 할 시간도,

공간도 너무나 부족하다.

그러다 보니 자신만의 생각이 부족하다.

당연히 스스로 결정을 하지 못한다.

"네 장래희망이 뭐니?"라는 질문에

"엄마한테 물어봐야 해요!"라고 대답하는 아이들의 모습은

가슴 아픈 현실을 대변해 준다.

자신의 꿈조차 스스로 꾸지 못하는 아이로 키우는 양육이

바람직한 것일까?

하다. 그러다 보니 자신만의 생각이 부족하다. 당연히 스스로 결정을 하지 못한다. "네 장래희망이 뭐니?"라는 질문에 "엄마한테 물어봐야 해요!"라고 대답하는 아이들의 모습은 가슴 아픈 현실을 대변해 준다. 자신의 꿈조차 스스로 꾸지 못하는 아이로 키우는 양육이 바람직한 것일까?

자율성이란 아이가 스스로 무언가를 생각하고 고민하는 과정에서 얻어지는 것이다. 따라서 반드시 시간이 필요하다. 아이의 서투름과 느림을 인정하고 기다려 주어야 한다. 그런데 부모들이 이를 기다려 주지 않는다. 처음 해보는 일은 당연히 서툴고 그만큼 시간이 걸리기 마련인데, 이를 참지 못한다. 기다려 주면 아이가 능숙하게 해낼 것임을 알면서도 아이의 삶에서 찰나에 불과한 그 시간을 참지 못하고 대신해 준다. 많은 부모가 가장 견디기 힘들어하는 것이 바로 '기다려 주기'이지만, 아이의 자율성을 훈련하는 데에는 반드시 시간이 필요하다.

EBS 다큐프라임(《엄마 뇌 속에 아이가 있다》 편)에서 우리나라를 비롯한 다양한 국적의 엄마와 아이를 대상으로 한 실험이 소개되었다. 아이들이 퀴즈를 푸는 동안 엄마들의 반응을 비교, 관찰한 것이다. 아이들이 퀴즈 문제의 답을 찾아 낑낑거리고 있을 때 다른 나라의 엄마들은 묵묵히 아이를 기다려 주는 반면, 우리나라 엄마들은 자신들이 더 발을 동동 구르고 조급해하며 심지어 아이에게 힌트를 알려 주는 모습을 보였다. 물론 이 실험의 진행 방식에 대해 잘못을 지적하는 의견들도 있지만, 실험에 참가한 엄마들의 모습이 낯설지 않은 것은 사실이다.

교직에 있으면서 간혹 대학원에서까지 자녀가 받은 학점을 항의하기 위해 직접 전화하는 부모들을 볼 때가 있다. 성인이 훨씬 지난 나이임에도 불구하고 자녀의 문제에 직접 개입하는 부모들을 볼 때마다 나 역시 부모임에도 눈살을 찌푸리게 된다.

〈조선일보〉에서는 최근 몇 해 동안 '작은 결혼식'이라는 타이틀로 연재 특집 기사를 실었다. 부모가 주체가 되어 하는 결혼이 아니라 결혼 당사자인 두 젊은 남녀가 자신들의 힘으로 치르는 결혼식을 소개하는 기사들이 연재되었다. 이것은 그만큼 우리나라 젊은이들의 낮은 독립성이 사회적으로도 문제가 되고 있음을 말해 준다.

사실 우리나라는 만 20세가 될 때 경제적으로, 의식적으로 독립을 하는 경우가 아직 흔치 않다. 결혼식은 엄연히 성인 남녀가 새롭게 가정을 꾸린다는 것을 의미하는데 이때마저도 부모가 주체가 된다. 이미 성인이 된 자녀의 보금자리와 새 출발의 자리를 대신해 주는 것이다.

과연 언제까지 부모가 아이 대신 해줄 수 있을까? 그 어떤 부모도 아이 곁에 평생 머무를 수는 없다. 눈앞에 놓인 몇 분의 시간을 아껴 아이에게 공부할 시간을 벌어 주기보다는 아이의 삶을 즐겁고 능동적으로 바꿀 수 있는 자율성을 키워 주는 데 투자하는 게 현명하다.

이때 부모는 아이를 그냥 방임하고 있으면서도 실은 아이의 자율성을 존중해 주고 있는 거라고 자기 자신을 속이지 말아야 하며, 아이를 몰아세우고 있으면서도 실은 한계를 가르침으로써 긍정적인 자율성의 범위를 알려 주고 있는 거라고 자신을 기만하지는 말아야 한다.

아이에게
꼭 가르쳐야 할 덕목

자녀에게 꼭 가르쳐야 할 덕목이자 부모들에게도 꼭 일러두고 싶은 것은 '인간을 사물로 대하지 말라'는 점이다. 철학자 칸트는 세상의 존재를 인격과 물건으로 구분한다. 유엔의 인권 선언에 초석이 된 칸트의 이론은 인간을 고귀한 존재로 여긴다. 그의 이론에 따르면 인격은 값을 매길 수 없는 지극히 존엄한 존재다. 반면 물건은 사용 가치에 따라, 도구로써의 가치에 따라 값이 매겨지는 존재다. 칸트는 자신의 인격이나 다른 인격을 수단으로만 대해선 안 되고 반드시 목적으로 대해야 하며, 수단으로 대할 때조차 목적으로 대해야 한다고 말한다. 고용인과 피고용인의 관계를 예로 들어 고용인은 노동의 수단으로 사람을 채용하지만 그 목적에 대해 서로 동의와 합의가 이루어져야 하며, 속이거나 함부로 대하는 등 자기 목적 달성의 수단으로만 대해서는 안 된다는 뜻이다.

사람을 사물로 대하지 말라는 가르침은 아이들에게 특히 폭력이나 왕따, 집단 괴롭힘에 대한 윤리 도덕이 되어 준다. 사람은 인격 그 자체로 사물과는 다른 고귀한 존재이기 때문에 물리적으로도 정신적으로도 함부로 대해서는 안 된다. 어렸을 때부터 이를 엄격하게 가르쳐 준다면 요즘 사회 문제로 부각되고 있는 청소년들의 왕따나 폭력 문제도 미리 예방할 수 있을 것이다.

만약 문제가 발생했다면, 가해 아이의 이유를 꼭 살펴야 한다. 아이의 인성 자체가 잘못되어서가 아니라 그런 행동을 유도하는 내면의 이유가 있을 수 있기 때문이다. 그렇다고 괴롭힌 행동을 봐주라는 것이 아니다. 이는 사람을 사물처럼 대한 행동이므로 봐주어서는 안 된다.

칸트는 처벌에 대해 엄격하다. 처벌의 윤리 도덕은 이것이다. 첫째, 잘못한 것에 대해서만 벌해야 한다. 둘째, 잘못한 것만큼만 벌해야 한다. 넘겨짚어서 엉뚱하게 벌해서도, 무고한 아이를 벌해서도, 더 잘못한 아이를 두고 덜 잘못한 아이에게 벌을 몰아쳐서도 안 된다. 그리고 정해진 벌을 준 다음에는 원래의 인격, 즉 존엄함을 되찾아 주고 잘못하지 않았을 때처럼 대해야 한다. 저 아이는 전에 무슨 잘못을 저질렀으니 앞으로도 그럴 것이다는 식으로 주홍글씨를 새기거나 낙인을 찍어서는 안 된다. 원래의 고귀한 인격으로 대해야 한다.

부모도 마찬가지다. 항상 아이를 인격적으로 대해야 한다. 이 말인즉슨 아이를 어른의 도구로 여겨서는 안 된다는 말이다. 자신의 꿈을 대신 이뤄 줄 존재로 여겨서도 욕구 충족이나 대리 만족의 수단으로 여겨서도 안 된다. 부모들은 아이를 자신과 동일시하며 아이가 좋은 결과를 받아오면 마치 자신의 일인 양 기뻐하고 자부심을 느낀다. 사실 이는 부모의 문제만은 아니다. 어른들에게는 실적을, 아이들에게는 성적을 요구하는 이 시대는 과정이 좋아도 딱히 알아주지 않는다. 오로지 결과에 따라 인센티브를 주고 보상이 따른다. 그러다 보니 부모는 자신도 모르게 아이에게 이런 말을 내뱉게 된다.

"너는 시험만 잘 보면 돼!" "성적만 잘 나오면 누가 뭐라 그러니?" "해 달라는 거 다 해줬는데 성적이 이게 뭐니?" "뭐가 힘들다고 그래?" 등등. 저조한 성적으로 인해 받은 상처와 수치심은 아이에게 도덕보다 성적이 중요하다는 가르침을 준다. 무슨 수를 써서라도 성적(결과)만 잘 받으면 된다는 메시지를 심어 준다.

한 지인을 통해 아는 사람의 이야기를 들은 적이 있다. 남부러울 것 없는 경제력과 집안, 학벌을 가진 소위 강남 엄마인 그녀는 어렸을 때부터 아들에게 엘리트 교육을 시켜 왔다. 아들은 엄마의 바람대로 전교에서도 손꼽는 성적을 유지하며 순탄하게 자랐다. 아들의 미래는 누가 봐도 탄탄해 보였고, 이대로만 가면 성공을 향해 내달릴 게 분명했다.

그러던 어느 날 외출에서 돌아온 그녀는 뜻밖의 상황을 목격하고 말았다. 중학생인 아들이 여자 친구를 집에 데려와 스킨십을 하고 있었던 것이었다. 문제는 아들의 태도였다. 아들은 엄마가 당황해하는 모습에도 아랑곳하지 않고 너무나 태연하게 행동했다. 야단치는 엄마에게 대꾸하는 아들의 말은 더욱 가관이었다.

"내가 그동안 엄마에게 못한 게 뭐예요? 공부를 못해, 학원을 빼먹었어요? 성적도 항상 좋잖아요? 이런 사소한 일로 나를 나무라지 말아요!"

이 말을 들은 그녀는 아들에게 아무런 말도 할 수 없었다고 한다.

너무 극단적인 예일지도 모르겠다. 하지만 실제로 우리 주변에서 일어나고 있는 일이며, 부모가 아이를 하나의 인격으로서 존중해 주기보다 공부라는 수단으로 늘 평가하고 대하다 보니 공부만 잘하면 그 이외의 것은 안중에도 없는 아이로 자란 대표 사례라고 할 수 있다. 그동안 아이를 인격적으로 대해 왔는지, 공부라는 필터를 통해 바라봐 온 것은 아닌지 부모 또한 반성해 볼 필요가 있다. 아들의 잘못을 보고도 아무런 말을 할 수 없었던 사연 속 엄마처럼 믿는 도끼가 자신의 발등을 내리찍는 것을 그저 바라보는 수밖에 없게 될 수도 있다.

아이는 어른의 생각보다 크다

내 경험을 돌아보니 이런 생각이 든다. 아이를 야단치는 것은 아이를 인격적으로 무시하려는 것도, 상처를 주려는 것도 아니요, 수치심을 주려는 것은 더더욱 아니다. 그러나 그런 부모의 의중과 상관없이 아이들은 그렇게 느낄 수 있다.

아이에게 무언가 고민이 있어 보일 때 "무슨 일 있니?" 하고 묻는 부모의 의중에는 아이에 대한 가벼운 걱정과 궁금증이 담겨 있을 뿐이지만, 아이는 심한 부담감을 느끼고 자기 방으로 들어가 문을 잠근다. 부모는 아이가 먼저 말을 걸 때까지 기다려 줄 수 있어야 한다. 섣부르게 손을 내밀면 아이는 오히려 도망가게 된다. 이보다 언제든 조언을 구할 수 있는 환경을 만들어 줘야 한다. 아이는 자기 나름대로 자신의 일을 정리해 보고 그것이 최선이든 아니든 간에 답을 구해 볼 수 있어야 한다. 이때 부모는 언제든 네 이야기에 귀를 기울여 줄 수 있는 존재라는 믿음을 주며 아이가 다가와 줄 때까지 기다려야 한다.

아이를 인격적으로 대한다는 것은 아이가 지금도 자라고 있다는 것을 인정해 주는 것과도 같다. 내가 내 아이를 하나의 인격으로 직면하고 인식하게 된 것은 칸트의 철학 때문도, 나의 다짐 때문도 아니었다. 어느 날 큰 상심에 빠져 힘들어하고 있을 때 아이가 뒤에서 나를 안아 주며 "엄마, 힘들구나!" 하고 위로해 준 적이 있었다. 그 순간 나는 '우리 아이가 어린 줄로만 알았는데, 다 자랐구나. 엄마를 이해하고 위로해 줄줄 아는 사람이 되었구나.' 하며 감동했었다.

아이들은 어쩌면 우리들이 생각하는 것보다 큰 사람이다. 어른들이 생각하는 것 이상으로 생각도 많고 감정도 풍부하다. 버스나 지하철에서 서로 끝없이 얘기를 나누는 아이들에게 귀를 기울여 보라. 아이들은 자기들 나름대로 우리 어른들의 삶을 놓고 견주고 평가하고 자신의 미래에 대입해 보면서 계획을 세운다. 아이는 부모의 생각보다 훨씬 크다.

좋은 친구는 삶의 기준이 되어 준다

부모는 아이가 생기고 나면 어떤 결정을 할 때 '내 아이를 봐서라도 부끄러운 선택은 하지 말아야지, 좋은 쪽으로 결정해야지.'라는 생각을 하게 된다. 아이의 존재 자체가 일종의 윤리적 제지의 기준이 되어 주곤 하는 것이다. 이러한 존재는 사람에 따라서는 종교나 신이 될 수도 있다. 아이에게는 부모나 스승 혹은 또래의 친구나 선배가 그런 존재가 되곤 하는데, 그중에서도 친구가 미치는 영향이 가장 크다. 따라서 부모는 좋은 친구를 만들어 줘야 하는데, 좋은 친구는 윤리적 제지의 바른 기준이 되어 준다.

그렇다면 어떤 친구가 아이에게 좋은 친구일까?

아리스토텔레스가 말하는 친구에는 세 가지 유형이 있다. 첫 번째는 즐거움을 함께하는 친구다. 흔히 노는 데 죽이 잘 맞는 친구다. 두 번째는 유용성이 있는 친구다. 즉 내게 도움을 주거나 이로움을 주는 친구를 말한다. 세 번째는 좋은 것을 같이 좋아하는 친구로, 목적이나 이상을 함께 나눌 수 있는 동지가 된다.

아이에게는 이 세 가지 유형의 친구가 모두 필요하지만, 첫 번째와 두 번째 친구는 관계를 오래 지속하기 어렵다. 항상 즐거움만을 추구할 수도 없을 뿐만 아니라 일방적으로 도움을 받는 관계는 불가능하기 때문이다.

세상에 완벽한 인간은 없다. 누구에게나 약점이 있고 부족한 점이 있다. 그 부족한 점을 채우기 위해서는 충고를 해줄 존재, 동지라고 할 수 있는 친구가 필요하다. 인생을 살아가는 데 바른말을 해줄 수 있는 사람이 필요하다는 것이다. 그리고 충고는 진심으로 나를 위하는 사람만이 해줄 수 있다. 나를 위한 진심 어린 조언은 듣는 순간은 기분이 나쁠지라도 결국엔 나를 바른길로 안내해 주는 말이라는 것을 알 수 있다.

또한 진정한 친구는 주관적으로 친절함을 베풀거나 잘하는 착함과 호의와는 별개로, 이익이 되는 것과 상관없이 객관성을 가지고 좋은 것을 좋아하게 이끌어 줄 수 있어야 한다. 좋은 것을 좋아할 수 있도록 이끌어 주는 것! 아리스토텔레스 역시 이 세 번째 친구를 가장 좋은 친구라 칭했다. 그리고 서로가 함께 좋은 것을 좋아할 수 있도록 만들어 나가는 것이 바로 윤리학의 임무다.

건강한
'기브 앤 테이크'가 필요하다

한 지인이 내게 이런 고민을 토로한 적이 있다.

네 살짜리 아들을 둔 엄마인 그녀는 휴일에 아이를 데리고 실내 놀이터를 찾았다. 놀이터에 마련되어 있는 장난감 차를 타고 놀던 아들에게 비슷한 또래의 한 아이가 와서 막무가내로 차를 달라고 떼를 쓰기 시작했고 한창 재미있게 차를 타던 그녀의 아들은 뺏기지 않으려고 애를 썼다. 두 아이가 서로 밀고 당기고 하자 자칫 몸싸움으로 번질 수 있겠다 싶어서 그녀가 나서서 아이들을 말리기 시작했다. 우선 아들에게 "그동안 ○○가 붕붕을 타고 놀았으니까 이번에는 친구에게 양보하자. 그러고 친구는 자동차를 타고 놀다가 이따 우리 ○○에게 다시 양보해 줘. 알겠지?"

그녀의 아들은 엄마의 말에 선뜻 차를 양보했다. 그리고 다른 놀이를 하다가 한참 후 그 아이에게 가서 차를 타고 놀고 싶다고 말했다. 그러자 그 아이는 고개를 강하게 저으며 차를 양보해 주지 않았다. 그 아이의 엄마 역시 과정을 다 알고 있었으나 그녀처럼 중재를 하지도, 자신의 아이에게 이번에는 네가 양보해야 한다는 식의 그 어떤 훈육도 하지 않았다. 그 상황이 너무나 황당하고 속상했지만 아이를 데리고 실내 놀이터에서 나오는 것으로 일단은 상황이 종결되었다.

문제는 집에 돌아온 후였다. 평소와는 다르게 계속 침울해 있던 아들이 "엄마가 친구한테 양보하라고 해서 양보했는데, 그 친구는 나한테 양보해 주지 않았어. 엄마 미워, 나는 속상해!"라고 하는 것이었다. 이 말을 들은 그녀는 아이에게 양보에 대해서 가르치기는커녕 오히려 안 좋은 기억만 남긴 게 아닌가 하는 걱정이 들었다. 그리고 좋은 일을 하고도 오히려 손해만 본 것 같은 억울함에 놀이터에서 만난 모자에게 화가 솟구쳤다.

그녀는 이 일을 내게 말해 주며 아이를 바르게 키우고 싶지만 그게 참 쉽지 않다며 착하면 손해 보는 세상이라는 게 맞는 말인 것 같다는 말을 덧붙였다. 그러면서 이런 경우 부모로서 어떻게 해야 하는지를 물었다.

내 전문 분야가 윤리학이라 그런지 그녀와 비슷한 일로 내게 양육에 대한 조언을 얻고자 하는 경우가 종종 있다. 아이에게 옳은 것에 대해, 바름에 대해 알려 주고는 싶지만 그러다 오히려 손해를 보는 경우가 생긴다는 것이다. 그러니 부모 입장에서는 답답하고 종종 이런 세상이 원망스러워진다. 내 아이만 착하다고 될 게 아닌 게 요즘 세상이다.

나는 그런 지인들에게 이런 대답을 하곤 한다. 이런 경우에는 아이에게 '양보하는 것이 손해 보는 것이다!'로 인식시킬 것이 아니라 '양보하지 않는 사람을 조심해라!'로 가르침을 변경해야 한다고 말이다. 양보하는 행위에 대해 옳고 그름을 논한다면 옳은 일임이 분명하지만 세상에는 그렇지 못한 사람도 있으니, 만일 상대가 양보를 하지 않는다면 그 아이와 놀지 말라거나 너 또한 더 이상 양보를 하지 않아도 된다고 알려 주라는 것이다.

이 말이 교육적으로 바람직하게 들리지 않을 수도 있을 것이다. 하지만 이 말의 의미인즉슨, 인간관계에서 '건강한 기브 앤 테이크'를 구축할 수 있도록 가르쳐야 한다는 것이다. 초반에 이야기한 '남에게 피해를 주지 않는 선에서 이익을 추구한다'를 바탕으로 자신의 이익을 추구하되 지킬 것은 지키는 좋은 사람이 될 것, 그리고 좋은 사람들끼리 좋은 것은 함께 좋아하도록 만들어 나가는 것이 바로 건강한 기브 앤 테이크의 인간관계다.

'윤리학자가 말하는 양육이란?'이라는 주제로 군포도서관에 특강을 갔을 때 한 엄마가 물었다. "대체 윤리 도덕이 뭔가요? 이 세상에서는 윤리 도덕을 지키는 쪽이 손해 아닌가요?"라며 자신이 겪은 일을 이야기했다.

그녀가 살고 있는 아파트 주변에 공원이 있는데, 공원 내에서는 자전거를 타지 않기로 되어 있어 늘 자신의 아이에게도 공원에서는 절대로 타지 말라고 일러두었다는 것이다. 그런데 어느 날 아이가 공원에서 자전거를 타는 아이를 보고 와 엄마에게 다른 아이는 자전거를 타는데

아이에게 '양보하는 것이 손해 보는 것이다!'로 인식시킬 것이 아니라

'양보하지 않는 사람을 조심해라!'로 가르침을 변경해야 한다.

이 말의 의미인즉슨,

인간관계에서 '건강한 기브 앤 테이크'를 구축할 수 있도록

가르쳐야 한다는 것이다.

자신은 왜 타면 안 되는지를 물었다고 한다. 그리고 그 엄마는 내게 질문을 돌렸다. "이래도 자전거를 타면 안 되는 겁니까?" 하고 말이다. 그 질문에 나 역시 "네! 타면 안 됩니다."라고 대답했지만 윤리학자로서 안타까운 심정이 들었다.

공동체의 약속은 반드시 지켜야 한다. 그렇다. 양자택일의 문제로 질문하면 답은 명확하다. 옳고 그름의 답이 명확한 도덕의 문제이기 때문이다. 도덕은 그럼에도 불구하고 지켜야 하는 것이기 때문이다.

결국 법적으로 처벌할 수 없는 공동체의 약속을 지키지 않는 사람들에게 우리가 할 수 있는 제재라는 것은 그런 사람들과는 같이 어울리지 않는 것뿐이다. 이는 어쩌면 당연한 일이기도 하다. 공동체가 정해 놓은 약속을 지키지 않는 사람, 그래서 남에게 피해를 주는 사람에게는 친절할 수 없다. 그리고 그런 사람들에게 "당신이 약속을 잘 지키지 않기 때문에 당신과 같이 어울릴 수 없다!"고 말을 할 수 있어야 한다.

쉽게 말해 그렇지 않은 사람에게는 잘못된 점을 인지시키고 문제 행동을 수정하도록 해야 하며, 그럼에도 불구하고 개선의 의지가 없다면 의식이 갖추어 있지 않은 당신과는 함께 어울릴 수 없다는 것을 행동으로 보여 주고 바르고 좋은 사람들끼리 어울려 지내야 한다. 이것이 내가 말하는, 좋은 사람들끼리 좋은 것은 함께 좋아하도록 만들어 나가는 건강한 기브 앤 테이크의 인간관계다.

시민으로 키운다는 것

시민이라는 말의 사전적 의미를 살펴보면 민주 사회의 구성원으로 권력 창출의 주체로서 권리와 의무를 가지며, 자발적이고 주체적으로 공공 정책 결정에 참여하는 사람을 말한다. 고대 사회에서는 일종의 특권 계급으로 존재하였고, 근대에는 부를 축적한 부르주아 계급으로 시민 혁명을 주도한 계층을 뜻한다.

현대 사회에서는 대다수의 사회 구성원을 시민이라고 하고 있지만 여기에 '자발성', '비판적 사고', '합리적 의사 결정 능력'을 가진 사람이라는 조건이 붙는다면 시민의 의미는 조금 더 까다로워진다. 다시 말하자면 어떤 일을 할 때 스스로 주체가 되어 내적 동기에 의해 움직이는 사람이 시민이다.

그리고 그런 시민이 될 수 있도록 어렸을 때부터 아이를 가르치는 것, 그리고 의식이 일치하는 건강한 사람끼리 어울려 지내는 것, 그리하여 의식이 부족한 사람은 자연적으로 소외되어 그 수가 줄어들 수밖에 없게 되는 것을 꿈꾼다면 너무 이상적일까?

삶은 단순한 생존이 아니다. 물리적인 시간과 생리적인 연명을 넘어 의미를 생성하는 것이 진짜 삶이다.

개인에 따라 여러 사정과 이유가 있겠지만 자신의 삶의 주체가 되지 못하는 가장 큰 이유는 어렸을 때부터 훈련이 되지 않았기 때문도 크다. 반복해서 이야기하지만 사실상 우리는 과정보다는 결과를 중시하는 사회 속에서 무수한 경쟁을 거치며 살아가고 있다. 그런 사회 구조 안에서 자신의 의지로 무언가를 결정하고 이루어 가기에는 시간이 주어지지 않는 게 안타까운 현실이다.

스스로 주체가 되어 판단하고 행동하기 위해서는 당연히 합리적 의사 결정을 고민하고 비판하는 사고 과정의 시간이 필요하다. 그리고 이것은 어렸을 때부터 자율성을 보장받고 꾸준히 훈련받아 왔을 때 가능하다.

사회는 점점 더 복잡해지고 다양해져 가며 끊임없이 새로운 인재를 요구한다. 이런 변화무쌍한 미래일수록 개인의 시민 의식, 즉 주체적 사유와 비판, 반성은 필수 불가결한 요인이다.

극단적인 예일지도 모르겠지만 악한 소수와 방관하는 다수가 만들어 낸 비극적 역사가 바로 나치즘이다. 생각하지 않는 다수, 즉 시민이 되지 못한 사람들이 많으면 그 사회는 결코 건강할 수 없다. 따라서 스스로가 삶의 주체가 되는 질적 즐거움을 위해서라도, 건강하고 바른 사회를 위해서라도 아이를 시민으로 만들기 위한 노력을 해야 한다.

부모 마음, 아이 마음
어떻게 균형을 잡아야 할까?

_프로이트가 답하다

우리는 살면서 수많은 사람과 관계를 맺는다. 그중 가장 많은 영향을 받는 것은 엄마와의 관계라고 할 수 있다. 엄마의 배 속에서 삶을 시작하고 오랜 기간 엄마의 보살핌을 받으며 성장하기 때문이다. 자신이 보고 듣고 느낀 엄마의 존재는 우리 삶의 토대가 된다 해도 과언이 아니다. 그래서일까? 나의 연구실을 찾는 대부분의 사람이 나이를 불문하고 자신의 엄마와 관련된 이야기를 털어놓곤 한다. 사실 현실 속 엄마의 모습과 마음속 엄마의 모습을 다양하게 살펴보면서 엄마와 관련된 감정을 통해 자기 내면 깊숙한 곳의 감정을 이해하는 것은 상담에서 매우 중요한 의미를 가진다. 물론 아빠와 형제자매와의 관계 역시 성장에 많은 영향을 미치지만, 엄마의 존재는 모든 관계의 시작이다.

만일 아이가 양육 과정에서 말썽을 피우고 심리적인 어려움을 겪는다면, 이는 아이만의 문제가 아니다. 아이와 관련된 문제는 어떤 식으로든 부모와 연관되어 있기 마련이다. 물론 아이의 문제 행동이 자연스러운 성장 과정일 수도 있다. 하지만 그 어려움의 정도가 일상적인 수준을 벗어나 심각한 고통을 줄 정도라면, 아이에게서 문제의 원인을 찾기 이전에 부모의 내면을 가장 먼저 들여다봐야 한다. 왜냐하면 아이를 잘 돌보기 위해서는 부모가 먼저 건강하고 행복해야 하기 때문이다. 만일 부모가 자신의 마음을 깊이 이해하고 있다면 그 경험을 바탕으로 자신의 아이에 대해서도 더 깊이 이해하고 더 잘 도와줄 수 있을 것이다. 결국 자녀양육에 대한 이야기는 자녀에 대한 이야기인 동시에 부모 자신의 이야기이기도 하다.

부모들은 종종 아이를 사랑하면서도, 아이 때문에 홀연히 떠나고 싶어질 때가 있다고 말한다. 그도 그럴 것이 아이를 키우면서 엄청난 행복을 느끼지만, 때때로 아이에게 화풀이를 하고 싶어지거나 아이의 존재가 버겁게 느껴지곤 한다. 양육에 대해 긍정적인 감정과 동시에 부정적인 감정을 느끼는 것이다. 그리고 이 감정 사이에서 아이가 받을 상처를 미안해하며 자신을 자책한다.

양육은 감정, 마음의 상호작용이다. 따라서 올바른 양육을 위해서는 먼저 마음에 대해 알아야 한다. 이를 위해 프로이트에게 답을 구했다. 프로이트는 정신분석의 창시자로서 인간의 마음을 깊이 이해할 수 있게 길을 열어 준 사람이다. 그는 아이들에게 어떤 부모였을까? 그는 어떤 가정 환경에서 자랐을까? 그에 대한 이야기에서 시작하여, 마음의 발달과 이에 따른 올바른 부모 역할이 무엇인지에 대해서도 함께 생각해 볼 예정이다.

이 글에서는 가급적이면 전문적인 용어를 사용하지 않고 이해하기 쉽게 이야기를 풀어 나가고자 한다. 정신분석에서 사용하는 용어는 시기에 따라서 또는 말을 하는 사람에 따라서 그 뜻이 변화해 왔기 때문에 쉽게 정의를 내리기 어려운 측면이 있기 때문이다. 이 글의 성격상 구체적인 이론이나 분석가들을 일일이 언급하지 않는 점과 다른 사람들의 견해와 차이가 날 수 있다는 점에 대해 미리 양해를 구한다.

프로이트의 어린 시절은
어땠을까?

프로이트에게 마음에 입각한 자녀양육을 묻기 전에 그가 어떻게 자랐고, 어떻게 자녀를 키웠는지 살펴보는 게 먼저일 것이다. 프로이트의 가정사를 통해 그가 정신분석의 창시자가 될 수 있었던 환경을 살펴보고자 한다.

프로이트의 가정 환경은 다소 복잡하다. 프로이트의 아버지 야곱 프로이트는 두 번의 결혼으로 이미 장성한 두 아들이 있는 상황에서 프로이트의 어머니 아말리아 나탄손과 결혼했다. 결혼 당시 프로이트의 아버지는 40세였고, 그의 어머니는 20세로 두 사람은 스무 살이나 나이 차이가 났다. 그러다 보니 프로이트의 어머니와 이복형의 나이는 서로 비슷했다. 첫째 이복형 엠마누엘은 이미 결혼하여 자식이 있었고, 둘째 이복형 필립은 프로이트의 어머니보다 겨우 한 살밖에 적지 않았다. 이와 같은 상황을 어린 프로이트는 이해하기 어려웠을 것이다. 그리고 이는 고스란히 가족 관계에 대한 궁금증이 되어 그의 마음속 깊이 자리

잡았고, 후에 프로이트가 부모와 자식 사이에서 일어나는 일에 관심을 기울이게 된 계기가 되었던 듯하다.

프로이트의 어머니는 연이어 자녀를 출산하여 프로이트의 밑으로는 여섯 명의 동생이 있었다. 자연스럽게 프로이트는 어려서 유모와 보내는 시간이 많았는데, 세 살 무렵 유모가 집안의 물건을 훔치다가 발각되어 그녀와 이별하게 된다. 모든 사람은 성장하면서 마음속에 남들은 알지 못하는 어쩌면 자신도 기억하지 못하는 상처가 있는 법이다. 그리고 엄마의 역할을 대신하던 유모와의 갑작스러운 이별은 어린 프로이트의 마음에 상처를 주었을 것이라고 짐작할 수 있다.

프로이트 집안에는 다른 가정과는 다른 독특하고 일관된 분위기가 있었다. 그것은 아들 프로이트에 대한 어머니의 남다른 믿음에서 비롯되었다. 프로이트는 태어날 때 양막(자궁 내에 태아를 감싸고 있는 얇은 막)의 일부를 뒤집어쓰고 나왔는데, 당시 믿음으로는 이를 아이가 위대한 인물이 될 징조라 여겼다. 그래서 프로이트의 어머니는 그를 늘 특별하게 생각했고, 동생들과 차별하여 대우했다. 어려운 가정 환경에서도 프로이트에게는 항상 개인 방이 주어졌다. 덕분에 어려서부터 마음껏 책을 읽고 자유롭게 생각할 수 있는 자신만의 공간이 있었다. 이런 환경은 프로이트가 자신에 대한 긍정적인 자존감을 형성하는 데 밑거름이 되었을 것이다. 아마 타고난 천재성이 있다 하더라도 자신에 대한 자존감과 자신감 없이는 그 능력을 충분히 발휘하기 어려웠을 것이다. 반면에 늘 특별한 대우를 받다 보니 다소 독선적이고 자기주장이 강해지는 등 부정적인 영향도 없지 않았을 것이다.

프로이트는 어머니의 믿음대로 자신의 타고난 능력을 충분히 발휘하여 인류 역사상 위대한 업적을 남긴다. 여기에서 살짝 짚고 넘어갈 부분은 프로이트의 여동생들은 과연 어떠한 마음이었을까 하는 것이다. 아마도 어머니의 사랑을 독차지한 거인 같은 존재인 오빠 아래서 많은 좌절과 갈등을 겪지 않았을까. 부모에게 열 손가락 깨물어 안 아픈 손가락이 없다고 하지만, 손가락인 자녀들은 저마다 길이와 모습이 다르다. 부모도 인간인지라 자녀에 따라 태도가 다를 수 있다. 자녀들이 갖고 있는 부모의 이미지가 부모가 생각하는 이미지와 다른 이유이기도 하다.

프로이트는
어떤 아버지였을까?

프로이트는 아내 마르타와 결혼하여 3남 3녀, 여섯 명의 자녀를 두었다. 순서대로 마틸데, 마틴, 올리버, 에른스트, 소피, 안나다. 그중에서 막내딸인 안나 프로이트는 아버지의 뒤를 이어 소아 정신분석가로서 큰 공헌을 한다.

맏아들 마틴 프로이트가 쓴 『후광 Glory Reflected』이라는 책에는 아들 눈에 비친 아버지 프로이트와 가정의 분위기가 묘사되어 있다. 부모의 입장이 아니라 양육을 받은 자녀의 입장에서 쓴 것이라 더욱 흥미롭다. 이 책의 또 다른 재미는 사람의 마음을 탐구하고 이해하려고 노력했던 프로이트의 양육 방식을 엿볼 수 있다는 점이다. 과연 프로이트의 가정은 어떤 모습이었을지 아들의 이야기를 들어보자.

"나의 아버지는 가족의 테두리 안에서는 유쾌하고 너그러운 아버지셨어요. 저희들과 숲 속을 여행하고, 알프스 호수에서 노 젓는 배를 타며 낚시도 하고,

산을 오르기도 했어요."

"프로이트의 자녀이기 때문에 받은 교육 방식이 더 낫다고 말하지는 못할지라도, 다른 사람들과 달랐던 것은 분명해요. 우리들은 다른 사람들이 보면 이상하게 생각할지도 모르는 것들을 하기도 하고 말하기도 했어요. '자유로운' 양육이라고도 할 수 있지요. '이것을 하라, 저것은 하지 마라' 같은 명령을 들어 본 적이 없어요. 질문을 못하게 한 적도 전혀 없었죠. 아버지는 모든 질문에 항상 답변과 설명을 해주셨어요. 우리들 각자를 늘 권리를 가진 독립된 한 개인으로 대해 주셨어요."

"그렇다고 규율이 없었던 것은 아니에요. 어머니는 가족들에게 친절하면서도 그만큼 단호하셨어요. 어머니는 모든 일에서 시간을 철저히 지키셨지요."

"부모님은 항상 아이들은 맑은 공기를 마시고 가능한 운동을 많이 해야 한다고 주장하셨어요. 그런데 우리 집 뒷마당은 작았기 때문에 매일 공원에 갔어요."

"교육에 대해서 아버지는 거의 전적으로 어머니 손에 맡기셨지만, 저희에게 깊은 관심을 보이셨어요. 때때로 우리들의 모습을 옆에 서서 웃으면서 지켜보셨고, 그러다가 어린 우리에게 어려움이 생기면 마치 신처럼 올림포스 신전에서 내려와 우리를 도와주었어요. 저는 유독 다른 형제들보다 어려움에 많이 처했는데, 그만큼 저를 더 많이 도와주셨죠."

아들이 하는 이야기라 좀 더 생생한 느낌이 든다. 그의 말을 토대로 프로이트 가정의 양육 방식이 어떠했는지, 이것이 아이들에게 어떤 영향을 미쳤을지 큰 줄기로 나누어 볼 수 있다.

첫째, 가정의 분위기는 매우 자유롭고 자녀 한 명 한 명을 독립된 개인으로 인정해 주었다. 이는 아이들에게 자신의 감정과 생각에 자신감을 가지게 하여 타인에게 생각을 주저하지 않고 표현하며 능동적이고 독립적인 자아를 형성하는 데 도움을 주었을 것이다.

둘째, 전반적으로 자유로운 반면 규칙에 대한 엄격함이 있었다. 모든 일을 완벽히 하기보다 중요한 몇 가지 규율을 정해 지키게 했다. 이를 통해 자연스럽게 일상 전반에 규율이 녹아들게 했으며, 아이 내면에 스스로 통제하고 관리하는 능력을 쌓아 주었을 것이다.

셋째, 정확히 부모의 역할을 분담하였다. 이는 부부간의 관계가 화목하여 의사소통이 원활했다는 것을 의미한다. 프로이트의 아내가 일선에서 직접적으로 아이들의 교육을 담당했다면, 프로이트는 항상 관심을 가지고 아이들을 지켜보다가 결정적인 순간에 필요한 도움을 주었다. 프로이트는 특히 힘들어하는 자녀를 위해 따로 시간을 내어 이야기를 들어 주는 등 힘을 쏟았다. 이는 아이 하나하나에게 특별한 관심과 애정이 없다면 불가능한 일이다. 맏아들의 글에서도 드러나듯이 그는 아버지 프로이트 덕을 많이 본 것 같다.

넷째, 교육뿐만 아니라 건강을 매우 중요시하였다. 우리의 정신 기능은 몸과 하나이고 그 둘을 분리하는 것은 불가능하다. 때문에 몸이 건강하면 정신적으로도 스트레스를 견디는 힘이 커진다. 건강한 신체에 강인한 정신이 깃들기 마련이다.

다섯째, 충분한 휴식 시간을 가졌다. 프로이트는 사실 매우 규칙적으로 생활하며 많은 시간을 일하고 연구하는 데 쏟았다. 하지만 휴가 기간에는 시간을 내어 자녀와 함께 자연을 만끽하였다. 바쁜 일상에서 벗어나 아이들과 충분히 쉬고 놀았던 것이다. 이는 평상시 부족할 수밖에 없었던 아버지와 자녀 간의 대화 시간을 보충해 주고, 가족 관계를 돈독하게 다지는 데 도움이 되었을 것이다. 이런 경험은 아이가 자라면서 추억이 되고 성장해 나가는 힘이 된다.

프로이트가 살았던 장소와 시대는 다르지만, 프로이트 가정의 양육 방식은 요즘 자녀양육에서 중시하는 것들과 크게 다르지 않음을 알 수 있다. 또 하나 인상적인 것은 자기 부모의 양육 방식이 다른 가정보다 전적으로 더 낫다고는 말할 수 없다는 아들의 견해다. 아들의 이러한 견해는 매우 균형 잡힌 시각이라는 생각이 든다. 각 가정에서 일어나는 양육은 당연히 똑같을 수 없으며 획일적으로 어떤 것이 우월하다고 단정 짓기 어려운 면이 있기 때문이다. 아들 입장에서는 오히려 어려운 점이 많았을지도 모른다. 프로이트라는 유명 인사의 자녀이기 때문에 자랑스럽기도 했겠지만, 성장하는 과정에서 아버지를 따라잡을 수 없다는 데서 오는 좌절과 고통도 상당했을 것이라는 생각이 든다. 자녀 중 유일하게 아버지의 뒤를 이은 막내 딸 안나는 정신분석가로서 아버지 곁을 지켰다. 하지만 평생 결혼하지 않았는데, 이 역시도 아마 아버지와 연관된 어떤 어려움이 때문이지 않을까 추정해 볼 수 있다.

인간은 긴 양육의 시간을 거쳐 마음을 형성해 나간다. 이를 위해 적절한 훈육과 통제가 필요하며, 궁극적으로 아이가 자율적으로 스스로 책임을 지면서 살아 나갈 수 있도록 해야 한다.

그렇다면 도대체 마음이란 무엇일까? 여기에서 프로이트의 자녀양육에 대한 이야기는 간략하게 마무리하고, 마음이란 무엇인지 살펴보고자 한다.

마음이란
무엇일까?

 마음에 대해 이야기를 하려면 우선 그 물질적인 기반인 몸, 즉 뇌를 빼놓을 수 없다. 뇌의 활동이 곧 우리의 정신(마음)이고, 타고난 뇌의 기질적인 성향(개인이 스스로 바꿀 수 없는 영역을 완곡히 표현한 것으로, 인지 기능, 자극에 대한 민감성, 충동성 등이다.)이 개개인마다 다를 것이라는 데에는 의심의 여지가 없다. 더욱이 몸을 기반으로 정신이 형성되기 때문에 몸과 마음은 분리할 수 없고 항상 함께 생각해야 한다.

무슨 소리인가 싶은가? 이해를 돕기 위해 컴퓨터에 비유해서 설명할 수 있다.

컴퓨터의 중앙처리장치CPU를 포함한 기계 장치, 즉 하드웨어는 우리의 뇌라고 생각할 수 있고, 그 기계 장치를 작동시키는 프로그램인 소프트웨어는 우리의 마음이라고 생각할 수 있다. 재미있는 것은 하드웨어의 경우 전자전기 원리를 알아야 그 작동 원리를 이해할 수 있다면, 소프트웨어를 이해하려면 프로그래밍 언어의 원리를 알아야 한다. 하드웨어가 아무리 정상이라도, 소프트웨어에 오류가 있다면 그 컴퓨터는 제대로 작동하지 않는다. 따라서 이때는 소프트웨어를 점검해야 한다. 반대로 소프트웨어가 아무리 잘 작동을 해도 중앙처리장치 회로에 물리적인 이상이 있으면 컴퓨터는 작동을 하다가 멈추어 버리게 된다. 그럴 때에는 중앙처리장치를 교체하거나 부품을 수리해야 한다. 이와 마찬가지로 뇌와 정신은 하나이지만 이해하고 다루는 방법은 판이하게 다를 수밖에 없다.

부모와 아이의 마음을 이해하기 위해서는 마음의 원리를 잘 알아야 한다. 이때 그 마음의 원리에 대한 것을 연구하고 치료에 적용하는 것이 바로 정신분석이라고 할 수 있다.

오늘날에는 과학의 발달과 더불어 뇌와 마음의 연결고리에 대한 흥미로운 연구 결과들이 속속 발표되고 있다. 시간이 흐르면 언젠가 우리의 마음과 뇌의 연관성에 대해 보다 정확히 이해하게 될 날이 올 것이라 기대한다. 그렇다 하더라도 인간의 마음의 원리가 변하는 것은 아닐 것이다.

드러나지 않은 마음에 주목해야 하는 이유

프로이트 이전까지만 해도 '인간의 마음'은 철학과 종교의 영역이었다. 프로이트 역시 처음에는 뇌와 신경을 연구하고 치료하는 신경과 의

사였다. 그가 정신분석학이라는 새로운 학문을 개척하게 된 데에는 히스테리 환자들을 치료하는 과정에서 원인을 알 수 없는 신체 증상의 근원에는 지금까지 우리가 이해하지 못했던, 환자 스스로도 모르고 있었던 마음의 작용이 깊이 자리 잡고 있음을 알게 되면서부터다. 우리가 잘 알지 못했던 우리의 마음, 즉 무의식이라는 마음의 신대륙을 발견한 것이다.

프로이트는 많은 임상 경험과 연구를 통하여 정신분석의 초석을 쌓았다. 그가 닦아 놓은 여러 이론과 성과는 이후 수많은 정신분석가를 거치면서 발전하였고, 현재에도 계속 발전하고 있다.(1910년 프로이트가 창설한 국제정신분석학회IPA, International Psychoanalytical Association는 지금까지도 2년에 한 번씩 정기적으로 국제 학회를 열고 있다. 프로이트가 처음 고안한 정신분석 Psychoanalysis은 주 6회 카우치라고 불리는 긴 의자에 누워서 치료를 진행했다. 프로이트는 환자의 머리 위쪽에 앉아서, 환자가 치료자를 보지 않고 말하게 하였다. 환자가 자유롭게 연상을 할 수 있는 환경을 제공함으로써 환자의 내면을 최대한 깊이 탐색하기 위해서였다. 우리나라에서는 모든 상담을 정신분석이라고 하는데, 현재 국제정신분석학회에서는 정신분석의 기준을 주 4회 이상 카우치를 이용하여 분석을 진행하는 것으로 규정하고 있고, 현실적인 여건에 따라 그 이하 주 1~3회의 상담은 정신분석적 심층정신치료라고 하여 따로 구분하여 생각한다.)

무의식이란 말을 모르는 사람이 없을 정도로 지금은 너무나도 당연하게 받아들여지고 있지만, 실제 그 힘이 얼마나 강력한지에 대해서는 대부분 간과하고 지나간다. 마음의 원리에 대한 이해는 무의식에서부터 시작한다. 우리의 뇌는 다양한 외부의 자극과 내부의 자극을 지각하고 기존에 저장된 기억을 바탕으로 의식을 하지 않고도 작동한다.

익숙한 환경에서는 아주 효율적인 방식이라고 생각할 수 있다. 하지만 바로 거기에서 문제가 시작된다. 일상에서 우리가 의식에 떠올리는 생각과 감정은 단지 우리 마음의 일부에 지나지 않는다. 실은 이보다 훨씬 더 많은 일들이 마음에서 일어나고 있고, 자신도 모르게 어딘가로 흘러가서 말, 표정, 몸짓, 행동 그리고 증상으로 나타난다. 단지 당사자 자신만 모르고 있을 뿐이다.

마음은 빙산과 같다.
커다란 얼음덩어리의 일부만이 물 위로 노출된 채 떠다닌다.

프로이트는 마음을 빙산에 비유하여, 의식은 빙산의 일각이며 수면 밑에 잠겨 있는 더 많은 부분을 무의식이라고 하였다. 이는 매우 적절한 비유가 아닐 수 없다.

프로이트는 나도 몰랐던 내 마음을 어떻게 발견했을까?

프로이트는 무의식을 어떻게 발견했을까? 그 시작은 몸 자체에서는 이상을 찾을 수 없지만, 설명하기 어려운 여러 신체 증세와 행동을 보이는 환자를 치료하는 과정에서 비롯된다. 프로이트는 당시 최면 연구로 유명한 의사인 샤르코트의 영향을 크게 받았다. 최면으로 환자의 증상이 순식간에 사라지는 것을 목격한 프로이트는 신선한 충격을 받았고, 이런 경험을 통해 증세의 이면에는 환자는 인식하지 못하는 심리적인 요인이 존재함을 알게 되었다. 더 나아가 그는 환자만이 아니라 일반인들도 일상생활 속에서 이러한 경험을 한다는 사실을 알게 되었다. 자신도 모르게 하는 실수나 말, 행동, 잠자는 동안에 꾸는 꿈 등 매우 사소해서 아무도 관심을 가지지 않았던 것들에도, 그 이면에는 우리가 이전에는 이해하지 못했던 중요한 개인적인 의미들이 있고, 그러한 것들이 우리를 움직이게 한다는 것이다. 따라서 우리 모두는 무의식으로부터 자유로울 수 없다.

브로이어와 프로이트가 함께 쓴 『히스테리 연구Studies on Hysteria』라는 책을 보면 무의식을 발견하게 된 과정이 잘 소개되어 있다.

첫 증례의 주인공은 '안나 오'라는 여자 환자로 브로이어가 치료한 환자다. 안나 오는 그녀의 프라이버시를 위해 지어낸 가명으로, 본명은 베르타 파펜하임으로 당시에 21세였다. 그녀는 흉막하 농양으로 아픈 아버지를 어머니와 간호하다가 증세가 나타났다. 그녀는 당시에 의학적으로 이해하기 어려운 특이한 증세를 보였다. 감정 기복이 심하고, 오른쪽 팔다리가 마비되거나 눈이 사시처럼 돌아가기도 하고, 심한 기침과 시력 장애, 환각, 언어 장애 등 복합적으로 증세가 나타났다. 브로이어는 그녀의 치료 과정을 면밀하게 관찰하고 정리하였는데, 그 시작은 다음과 같다.

어느 날 안나는 아버지를 걱정하며 한밤중에 일어났다. 아버지는 고열이 나고 있었고, 그녀는 비엔나에서 아버지를 수술할 의사가 도착하기만을 애타게 기다리고 있었다. 어머니는 잠시 다른 곳에 가 있었고, 안나는 아버지 침상 옆 의자에 앉아 있었다. 안나는 백일몽에 빠져 들었다. 검은 뱀이 벽을 타고 내려와서 아픈 아버지를 물려고 하였다. 안나는 뱀을 막아 보려 했지만, 의자 뒤에 걸쳐 놓은 오른쪽 팔이 마비되어 움직이지 않았다. 자신의 손가락을 보았더니 손톱이 해골 머리를 가진 작은 뱀들로 변하였다.

뱀이 사라지고 난 후 그녀는 극심한 공포에 사로잡혔다. 기도를 해보려고 하였지만, 자신의 모국어인 독일어를 잃어버려 말이 나오지 않았다. 간신히 영어 동시를 떠올리고 나서야 기도를 할 수 있었다. 그 후 아버지를 치료할 의사를 실은 기차의 기적 소리를 듣고 백일몽에서 깨어났다.

그 다음 날, 안나는 고리 던지기 게임을 하다가 수풀에 떨어진 고리를 주우러 갔다. 이때 구부러진 나뭇가지를 보고 뱀에 대한 환상이 재현되었고, 동시에 오른쪽 팔이 펴지더니 굳어 버렸다. 그 이후부터 뱀과 유사한 모양의 물건을 볼 때마다 동일한 증상이 어김없이 일어났고, 다양한 증세들이 뒤따라 나타나기 시작하였다.

브로이어는 안나에게 최면을 건 뒤 각각의 증상이 처음 시작되었던 상황에 대해 자세히 이야기하게 하였다. 이를 통해 치료를 진행하자 신기하게도 증세가 호전되는 모습을 보였다.

그 하나의 예로 안나가 물을 마실 수 없게 되어 과일의 수분으로 겨우 버티던 때가 있었다. 브로이어는 물에 연관된 그녀의 기억을 따라가 보았다. 그러자 그녀는 친구가 잔에 물을 담아서 개에게 준 모습을 보고 혐오스럽게 느꼈던 과거 기억을 떠올렸다. 개를 무척 싫어했던 그녀는 당시에 얼마나 참기 힘들고 혐오스러웠는지에 대해 충분히 이야기하고 난 뒤 다시 물을 마실 수 있게 되었다.

증상 하나하나마다 이런 치료 과정을 거듭한 끝에 큰 효과를 볼 수 있었다.

안나는 이 치료 과정을 스스로 대화 치료talking cure라고 하기도 하고, 익살스럽게 굴뚝 청소chimney-sweeping라고 부르기도 하였다. 이후 이 방법, 즉 자유롭게 떠오르는 대로 이야기하는 자유연상은 정신분석에서 핵심적인 도구가 되었다. 비록 시간과 노력이 많이 필요하고 더디게 보이지만, 자유연상은 우리의 마음을 이해해 나가기 위한 정신분석의 가장 근본이 되는 진행 방식이다.

이러한 사례를 통하여 프로이트가 세운 가설은 다음과 같다. 우리는 살아가면서 받은 마음의 충격이나 상처, 인정하기 어려운 자신의 욕구 등과 마주할 때면 그것을 받아들이기가 너무 고통스럽기 때문에 자기도 모르게 마음 깊이 무의식 속으로 눌러 놓는다. 하지만 문제가 해소되지 않고 계속 누적되어 쌓이다 보면 한계에 이르게 되고, 결국 자신도 모르게 무의식 속에 갇혀 있던 것들이 이해하기 어려운 여러 가지

증세로 터져 나오게 된다. 이때 만약 그 기억과 감정을 피하지 않고 안전한 치료 환경에서 다시 떠올려 경험하고 이야기할 수 있다면, 그 억압된 감정과 기억이 의식화되면서 치료가 된다는 것이다.(물론 현재의 정신분석에서는 억압된 무의식을 의식화하는 것만이 전부는 아니라는 것을 알게 되었지만, 이는 여전히 정신분석의 기본이 되고 있다.)

우리를 움직이는 네 가지 마음의 동기

그렇다면 무의식은 어떤 식으로 우리의 마음을 움직이는 것일까? 컴퓨터도 전원을 꽂아야 작동을 하듯이 우리 마음도 어떤 욕구나 동기가 있어야 움직인다. 우리를 움직이는 마음의 동기는 여러 가지가 있지만, 이를 크게 네 가지로 살펴볼 수 있다.

첫째, 본능적인 욕망으로, 성욕(사랑)과 공격성(분노)이 대표적이다. 이는 인간이 자손을 낳고 생존하기 위한 본능에 가까운 것으로, 최대한의 만족과 쾌락을 추구한다.

둘째, 현실에 적응하고 자신을 방어하고자 하는 동기(불안 신호, 항상성 유지)다. 인간이 자신을 유지하고 살아가기 위해서 자신의 외부 또는 내부의 위험 신호에 반응하여 스스로를 보호하고, 변화를 주기보다는 안정된 상태를 유지하려 하는 욕구다.

셋째, 인간관계에서 대상을 추구하는 동기, 즉 애착이다. 인간은 태어나면서부터 식욕 같은 본능적인 욕구를 해결하는 것 이외에 정서적인 교감을 원한다. 그중 가장 일차적이고 중요한 대상이 엄마다.

넷째, 독립된 존재로서 자존감을 유지하려는 동기, 즉 자기애다.

이러한 마음의 동기는 우리의 무의식 속에 자리 잡아 끊임없이 우리로 하여금 어떤 것을 느끼게 하고, 생각하게 하고, 행동하게 한다. 때문에 이러한 동기를 잘 이해하고 인식하는 것이 중요하다. 우리 내면의 동기에 대한 이해가 없다면, 단지 눈에 보이는 겉모습에만 매달리게 되어 보이지 않는 마음속 중요한 것들을 놓치게 될 것이다.

아이는 이러한 내적 동기를 가지고 세상에 나와 자신이 처한 환경과 영향을 주고받으며 성장하게 된다. 자신을 둘러싼 가족, 친구, 사회, 자연환경 등 다양한 경험을 거치면서 자기만의 마음이 형성되는 것이다. 즉 아이의 마음은 여러 관계의 경험이 녹아 만들어진다고 할 수 있다. 아이가 겪은 저마다의 경험은 원인과 결과로 이어져 그 이후의 마음을 결정한다. 따라서 현재 아이에게 일어나는 모든 감정과 생각은 아무리 사소한 것일지라도 의미가 있다.

이는 어떻게 보면 아이의 마음은 이미 결정이 되어 있다는 말처럼 들리기도 한다. 하지만 이를 달리 하면 마음이 형성되는 과정을 얼마나 잘 이해하여 다루는가에 따라 아이의 마음을 변화시킬 수 있다는 뜻이기도 하다.

정신분석에서 '이해'의 의미에 대해 염두에 두어야 할 것은 인간에 대한 이해는 수학공식처럼 기계적으로 접근해서는 한계가 있다는 것

아이의 마음은

여러 관계의 경험이 녹아 만들어진다고 할 수 있다.

아이가 겪은 저마다의 경험은

원인과 결과로 이어져 그 이후의 마음을 결정한다.

따라서 현재 아이에게 일어나는 모든 감정과 생각은

아무리 사소한 것일지라도 의미가 있다.

이다. 감정적으로 경험하여 이해해야 한다. 그리고 감정적인 이해는 반복되는 경험을 통하여 그 과정 속에서 일어나는 것이라 충분한 시간이 필요하다.

좀 더 쉽게 말하면 이렇게 비유를 할 수 있다. 만약 우리가 자전거를 배운다고 생각해 보자. 우선 자전거를 이해하는 방법은 그것을 잘 살펴보는 것이다. 바퀴가 있고, 핸들이 있고, 체인이 있고, 다리의 힘으로 원운동을 하면 그 힘이 체인을 통해 바퀴에 전해지고, 핸들의 각도에 의해 방향이 결정되고, 기어의 단수에 따라 속도와 전진하는 힘이 차이가 나는 등 구체적으로 논리적으로 이해를 하는 것이다.

하지만 아무리 논리적으로 잘 알아도 자전거를 탈 수는 없다. 사실 우리가 자전거를 이해하고 안다고 말할 수 있으려면, 실질적으로 일단 자전거를 타봐야 한다. 처음부터 자전거를 잘 타는 사람은 없다. 넘어질까 봐 불안하고 두렵기도 하고 때로는 부딪히고 굴러서 아프기도 하지만 시원한 속도감에 즐겁기도 할 것이다. 그 하나하나의 경험을 통하여 우리는 자전거가 무엇이고 자전거를 탄다는 것이 어떤 것인지 이해할 수 있다.

마음을 이해하는 과정도 자전거를 배우는 과정과 유사하다. 지식을 바탕으로 한 논리적인 이해와 더불어 경험을 통한 감정적인 이해가 필요하다. 상담에서도 효과가 나기까지 충분한 시간이 필요하고, 좋아지고 나서도 자신이 구체적으로 왜 좋아졌는지 표현하기 어려운 것도 이 때문이다. 한순간에 혹은 작은 생각 하나로 바뀌는 것이 아니라, 꾸준한 과정을 통하여 변화가 일어난다.

모든 것은
마음에서 시작된다

 마음의 발달을 살펴봄으로써 아이의 마음이 형성되는 과정을 조금 더 자세히 이야기해 보고자 한다. 이를 통해 부모로서 과연 어떻게 하는 것이 아이를 위하는 길인지 생각해 볼 수 있다.

마음의 기초를 쌓아 가는 아이

아이의 마음은 배 속에서부터 형성되기 시작하여 세상에 나와 본격적으로 발달해 나간다. 세상에 나와 마주한 현실은 아이의 입장에서 보면 사느냐 죽느냐의 문제나 다름없다. 누군가의 도움을 받지 못하면 살 수 없기 때문에 자신을 돌보는 사람인 주양육자에게 절대적으로 의존한다. 대부분의 주양육자인 엄마는 본능적으로 갖고 있는 모성과 자신이 경험한 양육 방식을 토대로 정성껏 아이를 돌보며 서로의 마음을 주고받는다. 이렇게 애착이 형성된다. 이때 엄마가 자신의 심리적 문제로 인해 정상적이고 적절한 반응을 아이에게 보이지 않으면, 아이는 비정상적인 애착을 가지게 된다. 관계의 경험이 마치 유전되는 것처럼 아이에게 영향을 주는 것이다.

아이는 다양한 신체 접촉, 눈 맞춤, 다양한 놀이 등을 통해 엄마가 믿을 만하고 안전한 대상이라는 인식을 갖게 된다. 하지만 아무리 엄마가 최선을 다해 노력한다고 해도 아이의 욕구는 끊임없이 좌절될 수밖에 없다. 예를 들어 엄마가 우유를 타러 가는 그 순간에도 아이는 좌절을 경험할 수 있다. 짧은 시간일지라도 엄마를 기다리는 동안 아이는 엄마에게 버림받았다고 느끼고, 엄마를 원망한다.

이처럼 좋은 경험과 나쁜 경험을 반복적으로 겪으면서 아이는 인지적으로 발달하고 엄마에 대해 이해하게 된다. 결국 엄마에 대해 알게 된 다양한 모습을 바탕으로 통합된 이미지를 가지게 되는데, 엄마에 대한 이미지가 안정적인 아이는 엄마가 눈에 보이지 않아도 함께 있는 것처럼 든든함을 느낀다. 이 준비가 잘된 아이일수록 세상 밖으로 거침없이 나아간다.

따라서 자녀가 아주 어릴 때는 너무 큰 좌절을 겪지 않도록 충분히 욕구를 보살펴 줄 필요가 있다. 그래야 아이에게 세상이 그래도 살 만하고 좋은 곳이라는 인식을 심어 주는 한편 관계에 필요한 믿음을 닦아 줄 수 있다. 이런 기초가 튼튼해야 자라면서 필연적으로 부딪히게 되는 좌절을 무사히 극복하고 성장해 갈 수 있다.

이와 달리 엄마가 평소 매우 감정 기복이 심하고 일관되지 않은 양육을 하거나 정서적인(혹은 신체적인) 학대를 한다면, 아이 마음속에서 세상은 예측 불허의 불안하고 두려운 존재로 자리 잡을 것이다.

감정도 배워야 한다

아이는 경험을 통해 보고 배우는데, 이때 중요한 것은 감정이다. 아이는 아이 나름대로 경험들을 통해 좋고 싫은 감정을 느끼며, 이를 시작으로 감정이 세분화되어 간다. 좋고 싫음이라는 단순한 감정에서 서운함, 질투, 즐거움, 부러움 등 보다 다양한 감정들로 발전시켜 나가는 것이다. 이때 엄마가 아이의 감정을 충분히 이해하고 적절히 반응해 주면 아이는 자신의 감정을 이해받았다고 느낀다. 이런 경험이 쌓인 아이는 자신이 어떠한 감정을 표현하든지 스스로 안전하다고 느끼고, 엄마와 보다 안정적인 관계를 구축해 나간다.

예를 들어 아이가 떼를 피우며 화를 낸다면 무조건 윽박지르고 억압하기보다 왜 화가 났는지 이야기를 들어 봐야 한다. 이를 바탕으로 어떻게 대처해야 할지 고민한다. 부모가 원하는 행동, 바람직하다고 생각하는 행동을 강요하기보다 감정을 불러일으킨 원인을 통해 아이에게 맞는 대처법을 제공해 주는 것이다. 물론 이는 아이가 말이 통하든 안 통하든 대단히 어렵고 엄청난 인내심이 요구된다. 또 이유를 알아내더라도 어떻게 대처해야 할지 모를 수도 있다. 그러나 이러한 노력들은 아이에게 자신의 감정을 부모가 헤아려 주고자 한다는 인식을 심어 준다. 이런 인식을 가지게 된 아이는 극단적으로 감정을 표현하기보다 건강한 방식으로 자신의 감정을 표현하고 행동할 가능성이 크다.

자칫 이를 무조건 아이의 입장에서 생각하고 공감해 줘야 하는 것으로 오해하기도 하는데, 아이가 자라면서는 아이에게 공감을 해줘야 하는 상황과 그러지 않아도 되는 상황을 구분할 수 있어야 한다.

또한 아이는 재롱을 피우거나 자신의 생각과 이야기를 쏟아내며 끊임없이 부모의 관심을 끌기 위해 노력한다. 이때 부모가 관심을 가지고 함께해 준다면, 아이는 자신이 가치 있고 사랑받아 마땅한 존재임을 확신하여 건강한 자존감을 형성해 나간다. 이와 반대로 아이를 귀찮아하고 핀잔을 준다면, 혹은 자신의 우울함과 불안감으로 아이에게 관심을 쏟지 못한다면, 아이는 금세 위축되고 자존감이 낮아질 뿐 아니라 관계에 대해 부정적인 인식을 가지게 된다.

아이는 부모에게 매우 민감하다. 부모의 눈빛 하나만으로도 자신에 대해 어떻게 생각하고 있는지 금방 눈치 챈다. 물론 바쁘고 고된 삶 속에서 아이에게 늘 관심을 쏟기란 어려운 일이다. 아니 불가능에 가깝다. 그럼에도 불구하고 이렇게 다시 논할 수밖에 없는 이유는 여러 차례 강요해도 모자를 만큼 중요하기 때문이다.

더군다나 마음의 건강과 발달은 눈에 보이지 않기 때문에 확인이 어렵다. 잘하고 있는 것인지, 이대로 충분한 것인지 알 수 없다. 바로 이

부모가 모든 책임을 질 필요는 없다.
다만 부모와의 긍정적인 관계는
아이 마음의 기초 공사를 튼튼히 다져 준다는 사실을
항상 명심해야 한다.
부모는 아이의 신체적 발육이 아닌
마음의 성장을 항상 들여다보려 노력해야 한다.

때문에 이렇게 강조하는 것이다.

이는 비단 영유아 시기만의 문제는 아니다. 청소년기 아이의 마음은 또 한 번의 대변화를 겪는다. 그도 그럴 것이 주로 일방적으로 보호만 받던 시기에서 벗어나, 독립적인 어른으로 성장하기 위해 많은 과제를 해결해 나가야 한다. 사춘기가 시작되면서 남자, 여자로서 몸의 급격한 변화에 적응해야 하는 것은 물론이요, 독립적인 자기 자신만의 영역을 만들어 나가는 한편 이전보다 확장된 다양한 대인 관계를 구축해 나가야 한다. 또한 자신이 어떤 사람인지 자아 정체성을 확립하고 자신의 가능성에 대해 탐색하여 능력을 키워 나가야 한다. 그러니 어렸을 때 마음의 기초를 잘 닦았다 하더라도, 이 시기 대부분의 아이들이 또 한 번의 홍역을 치르게 된다. 당연히 부모의 관심과 이해가 절실히 요구된다.

사실 아이의 마음을 양육하는 것은 부모만이 아니다. 아이의 마음은 엄마와의 관계를 중심으로 아빠와의 삼각관계, 형제자매와의 경쟁관계 등을 경험하며 구축된다. 자라면서 그 관계의 범위는 선생님, 선후배, 친구와의 관계로 더욱 넓어진다. 부모뿐만이 아니라 아이를 둘러싼 사회 전반의 현실, 문화적·경제적·물리적 환경이 아이의 마음을 지탱하고 발전시키는 주요한 기반이 되며, 그 환경과 끊임없이 관계하면서 성장해 나간다. 그러니 부모가 모든 책임을 질 필요는 없다. 다만 부모와의 긍정적인 관계는 아이 마음의 기초 공사를 튼튼히 다져 준다는 사실을 항상 명심해야 한다. 부모는 아이의 신체적 발육이 아닌 마음의 성장을 항상 들여다보려 노력해야 한다.

마음의 세 가지 기능

마음은 보이지 않는 추상적인 것이라 이해하기가 쉽지 않다. 따라서 마음을 구체적인 모양으로 떠올릴 수 있다면 보다 이해하기 쉬울 것이다. 그렇게 나온 것이 '마음의 구조'다. 실제로 마음에 구조가 있는 것은 아니다. 보이지 않는 마음을 이해하기 쉽게 설명하기 위해 마음의 대표적인 기능을 묶어 이름을 붙이고 구조라는 단어를 쓴다고 생각하면 된다. 프로이트가 고안해 낸 세 가지의 분류는 간단하지만 무척 유용하다.

그중 하나가 바로 '이드id'다. 우리를 움직이는 대부분의 동기가 이에 해당한다. 본능적인 욕구를 포함하여 우리를 움직이게 하는 근원이라고 할 수 있다. 누가 가르쳐 주지 않아도 아기는 태어나서 자연스럽게 엄마의 젖을 찾는다. 또 우리는 자신을 지키기 위해 공격적인 모습을 보이기도 하고, 이성을 만나면 성적인 충동을 느낀다. 이드는 이 모든 본성과 연관되어 있다. 즉 최대한의 쾌감과 만족을 추구하며 쾌락의 원칙에 따르는 기능이다.

그러다 보니 이드가 너무 강할 경우 많은 현실적 문제가 발생할 수 있다. 욕구를 문제없이 충족하기 위해서는 환경을 고려해야 한다.

또 다른 마음의 구조인 '자아'는 '우리 자신의 욕구'와 우리를 둘러싼 '실제 환경' 그리고 우리 '마음속의 현실' 간의 타협점을 찾는 기능을 한다. 여기서 마음속의 현실이란 외부 현실에 대해 한 개인이 받아들이고 해석해서 마음에 담아 둔 것을 말한다. 간식을 가져다주기 위해 엄마가 방에 들어왔다고 해보자. 이때 현실의 엄마(간식을 주기 위해 온 다정한 엄마)와 내가 마음속에 그려놓은 엄마(공부 안 한다고 무섭게 야단치는 엄마)의 모습은 다를 수도 있는 것이다. 즉 자아는 중재자로서, 자신을 보호하고 방어하면서도 욕구를 적절하게 충족시켜 자존심을 지키는 한편 외부 현실에도 적응해 나가는 마음의 기능이라고 할 수 있다. 자아는 이처럼 여러 요소의 균형을 맞추어야 하기 때문에 단순히 쾌락의 원칙에 따르기보다는 현실의 원리를 따른다. 다음에 설명할 '초자아'를 포함하여, '이드, 초자아, 현실' 이 세 가지 사이에서 균형을 맞추는 마음의 기능이라고 볼 수 있다. 이 자아가 어떤 식으로 움직이는지에 따라 그 개인의 삶이 결정된다. 건강한 자아라면 이 세 가지 마음 사이에서 자신에게 맞는 적절한 타협점을 찾아갈 것이기 때문이다.

시험을 앞둔 어느 날 재미있는 게임을 선물 받았다고 가정하자. 자아 기능이 튼튼한 아이라면 시험이라는 현실과 재미를 찾는 본능 사이에서 자신을 위하는 것이 어떤 것인지를 고려해서 자신의 상황에 맞게 정해진 시간만 놀고 공부를 할 것이다. 그리고 시험이 모두 끝난 후 게임을 즐길 것이다.

마지막으로 초자아는 이상적인 것을 대표하며 완전성을 추구한다. 양육자로 인해 원하는 욕구가 제한됨으로써 좌절을 경험했을 때 아이는 스스로 통제하고 자제하는 기능, 초자아가 마음에 자리 잡게 된다. 이를 '일종의 정해진 규칙을 지키는 기능' 또는 '양심의 소리'라고도 할 수 있다. 즉 스스로 해야 할 것과 하지 말아야 할 것의 구분이 생기면서 만들어진다.

아이가 온 집 안 벽에다 그림을 그리고 논다면 엄마는 화가 나서 크레파스를 빼앗아 버릴 것이다. 즐거움을 주던 것이 사라진 아이는 좌절하고 울 것이다. 이때 보이는 엄마의 반응은 저마다 다를 것이다. 어떤 엄마는 단호하게 화를 내며 벌을 줄 것이다. 또 어떤 엄마는 침착하게 아이의 행동에 화가 난 이유를 설명하며 달랠 것이다. 물론 이와 다른 반응을 보일 수도 있다. 이때 전자의 경우에는 무서운 벌을 주는 초자아가 만들어질 가능성이 크다. 벌을 받고 징계를 받으면 당장의 욕구는 참게 되겠지만, 아이 입장에서는 감정적인 상처를 입고 화를 느낄 수 있다. 후자의 경우 역시 좌절은 하겠지만 아이가 경험하는 감정적인 상처는 훨씬 적을 것이다. 또한 욕구를 참는 과정에서 엄마의 보살핌을 받은 덕분에 따뜻한 초자아가 형성될 수 있다. 아이는 두 경우 모두 욕구를 제한받았지만, 이때 생기는 마음속의 감정에는 큰 차이가 있다.

이처럼 초자아는 부모와의 관계에서 겪는 좌절들의 경험이 모여 형성된다. 따라서 부모의 역할이 매우 크다.

이 세 가지의 기능이 현실과 타협해 나가면서 아이는 저마다 고유한 마음의 구조를 가지게 된다. 만약 이 중에 어느 하나라도 너무 두드러지거나 너무 약해져 있다면 건강한 성격 형성에 어려움이 생길 수 있다.

초자아를 예로 들어 보겠다. 부모가 제한 없이 아이의 욕구를 충족시키는 양육을 할 경우, 아이는 스스로를 통제하지 못하게 된다. 심한 경우 법과 질서를 지키지 않고 자신의 욕구만을 채우려고 들 것이다. 흔히 이러한 사람을 보고 반사회적인 성격을 가졌다고 하는데, 이들은 타인에게 피해를 주기 때문에 결국에는 외부의 힘에 의해 벌을 받게 된다. 이러한 사람들의 마음 구조는 스스로의 욕구와 충동을 자제하는 기능이 너무 약하다. 이와 반대로 부모가 아이의 욕구를 철저하게 단속하며 지나치게 엄하게 키울 경우, 가혹한 초자아가 생길 수 있다. 이런 경우 자신이 잘못하지 않은 상황에서조차 항상 자신을 탓하고 죄책감을 느끼는 등 자신감이 없고 늘 주눅 든 모습을 보일 수 있다. 이들은 평소 타인에게 피해를 거의 주지 않지만, 어느 순간 한계점에 다다를 경우 폭발적으로 감정을 표출하기도 한다.

설명을 통해 알 수 있듯이 마음의 기능에는 우위가 없다. 모두 꼭 필요한 기능이다. 마음이 건강하다는 의미는 이 세 가지의 기능이 서로 조화를 이루어서 자신이 처한 현실에 잘 적응하고 있다는 뜻이다. 잘 적응한다는 것은 함께 살아가는 사람과 건강한 관계를 구축하고 서로 사랑하고 사랑받고 있다는 의미다. 또 자신의 능력을 발휘해 일하고 각자의 삶에서 행복과 의미를 찾아가고 있다는 뜻이다.

자녀양육에 있어서
중요한 것은 무엇일까?

지금까지 우리는 프로이트의 이론을 바탕으로 마음에 대해서 살펴보았다. 그렇다면 이제는 이를 통하여 우리 자녀에게 과연 어떻게 해줘야 할지 생각해 볼 차례다. 우리는 모두 준비 없이 부모가 된다. 설령 준비가 되었다 해도 아이를 어떻게 키워야 하는지 알지 못한다.

우리의 삶 자체가 그러하듯이 실수를 하고 시행착오를 반복하며 아이를 키워 나가는 수밖에 없다. 부모가 된다는 것은 졸업이 없는 배움의 과정이라고 할 수 있다. 이미 첫째를 통해 아이를 키워 본 경험이 있을지라도, 아이가 자라면서 양육의 시간이 쌓였을지라도 양육은 매순간 새롭기 때문이다.

오스트리아 심리학자 부르노 베델하임이라는 정신분석가는 너무 완벽한 부모가 되려고 하지 말라고 권유한다. 그러는 사이 자신도 모르게 아이에게도 완벽한 인간이 되기를 기대하게 되고, 거기에서 문제가 시

작될 것이라고 말이다. 그는 대신 '충분히 좋은 부모A Good Enough Parent'
가 되라고 조언한다. 불완전함을 인정하라는 것이다.

겉으로는 완벽한 어른의 모습을 가졌지만, 부모 역시 상처받았던 어린 시절이 있을 수 있고 성장하면서 경험한 좌절들이 내면에 쌓여 있을 수 있다. 자녀와의 갈등이 자신도 모르게 이러한 마음속의 좌절과 분노를 건드려 자녀에게 과도하게 반응하거나 본의 아니게 상처를 주게 되기도 한다. 이때 부모는 자녀를 있는 그대로 받아들이지 못하고 자신의 마음속 무언가에 자녀를 덧씌운다. 결국 관계가 악화되고 오해가 생긴다. 부모 역시 사람인지라 자녀의 행동이나 말에 상처를 받는다. 하지만 이 악순환의 고리를 먼저 끊어야 하는 것은 부모다. 다시 말해서 아이와의 관계를 악화시키는 부모 내면의 상처와 좌절을 먼저 보살펴야 한다. 이를 통해 비로소 자녀의 마음(상처와 좌절 등)을 이해하고 도와줄 수 있게 된다.

사실 각각의 가정은 특별한 남녀 두 사람이 만나 그 사이에서 특별한 아기가 태어남으로써 이루어진다. 따라서 일률적인 공식처럼 이럴 땐 이렇게 하라고 훈수를 두는 것은 도움이 되지 않으며, 개개인에 대한 충분한 이해 없이 이야기하는 것은 오히려 자녀양육에 독이 될 수도 있다는 것이 나의 생각이다. 그래서 지금까지 양육의 방향을 잡을 수 있는 심리학적 지혜만을 특히 마음에 집중하여 설명해 왔다. 양육 역시 관계에서 일어나는 일이며, 그 관계는 서로를 이해할 때 더욱 원

겉으로는 완벽한 어른의 모습을 가졌지만,

부모 역시 상처받았던 어린 시절이 있을 수 있다.

이때 부모는 자녀를 있는 그대로 받아들이지 못하고

자신의 마음속 무언가에 자녀를 덧씌운다.

하지만 이 악순환의 고리를 먼저 끊어야 하는 것은 부모다.

만하고 긍정적으로 만들어 나갈 수 있기 때문이다. 그리고 마음은 서로를 이해하는 시작점이다.

마지막 당부

지금부터 하는 이야기가 진부하고 빤하게 느껴질지 모르겠다. 하지만 이것만큼 중요하고 기본적인 것은 없기 때문에 이 이야기를 마지막으로 당부하고자 한다.

양육에서 가장 중요한 것은 가정의 분위기다. 그중에서 특히 믿음과 사랑을 바탕으로 한 부부 관계가 가장 중요하다. 남편이 미우면 남편을 닮은 자식마저 미워 보인다고 말하는 엄마가 의외로 많다. 남편에 대한 부정적인 감정이 자신도 모르게 아이에게 쏟아지는 것이다. 이와 반대로 남편은 아예 무시한 채 모든 사랑을 아이에게만 쏟는 경우도 있다. 이러한 상황에서의 양육은 기초 공사 없이 건물을 짓는 것처럼 위태롭다고 할 수 있다. 건강한 자녀양육은 부부가 얼마나 서로 배려하고 사랑하고 있는지에 대한 점검에서부터 시작해야 한다. 물론 부부간의 갈등과 싸움은 필연적이다. 더군다나 갈등을 해결해 나가고 관계를 회복해 나가는 과정은 자연스럽게 아이에게 배움이 된다. 그러나 엄마와 아빠의 사이에서 아이가 느낄 공포감과 혼란은 어마어마하다.

양육에서 두 번째로 중요한 것은 지금까지 이야기해 온 것이지만, 자녀의 마음을 충분히 관찰하고 듣는 것, 그리하여 아이의 감정을 이해하는 것이다. 이를 위해서는 자녀에 대한 무한한 관심과 사랑이 필요하다. 부모라면 당연히 갖고 있다고 생각하겠지만, 때때로 이것이 어려운 부모도 있다. 만약 아이를 향한 관심과 사랑이 버겁고 힘들게 느껴진다면, 아이를 어떻게 바라보고 느끼고 있는지 스스로 점검하는 시간을 가져야 한다. 실은 아이의 문제가 아니라 아이를 통해 보고 싶지 않은 자신의 부족한 모습이 드러나기 때문일 수도 있다. 중요한 것은 이럴 경우 아이를 부모 자신과 분리해서 생각할 수 있어야 한다는 것이다. 부모 자신의 문제인지 아이의 문제인지를 구별하여 부모의 문제로 인해 아이가 억울하게 고통 받지 않도록 해야 한다. 결국 아이를 이해하기 위해서는 부모 자신을 먼저 되돌아보고 돌봐야 한다.

부모 자신에 대한 점검이 어느 정도 되었다면, 부모로서 건강한 판단을 아이에게 알려 줘야 한다. 아이들은 경험이 부족해서 정말 모르고 행동하는 경우가 많기 때문에 해서는 안 될 일, 해야 할 일에 대해서 분명한 기준을 가지고 가르쳐 주어야 한다. 이때 부모가 자신의 문제에 빠져 헤어 나오지 못하고 있다면 오히려 역효과를 낳는다. 자신감이 부족한 부모는 아이를 적절히 끌어 줄 수 없을 뿐 아니라 아이의 욕구에 끌려 다니기 십상이다. 이런 경우 아이는 부모와 마찬가지로 스스로 통제하고 자제하는 힘을 키우지 못할 수 있다.

또한 아이에게 행동의 경계를 알려 주는 일은 다시 말해서 적절한 좌절을 통하여 실패를 경험시키고 이를 이겨내는 연습의 기회가 된다.

단 이때 너무 엄격한 경계와 기준으로 심한 통제를 받으며 자란 아이는 사춘기가 되어 심리적 어려움을 겪을 가능성이 크다.

아이의 사랑과 도움으로 비로소 부모가 된다

"엄마가 아이를 더 사랑할까?" "아이가 엄마를 더 사랑할까?" 이 질문은 사실 그리 적합하지 않지만, 아이가 엄마에게 보이는 애착과 사랑을 생각해 보면, 엄마가 아이를 사랑하는 것보다 아이의 사랑이 더 크고 강력할 것이다. 그런 면에서 우리는 자녀로부터 많은 사랑과 도움을 받으며 부모가 되어 간다고 할 수 있다.

종종 아이들은 부모에게 중요한 것을 일깨워 주는데, 내 두 친구의 허락을 받아 그들의 일화를 소개하고자 한다.

그중 한 친구는 아직 유치원에도 들어가기 전인 어린 아들과 밤마다 실랑이를 벌였다. 아이가 잠을 자지 않으려고 울고불고 떼를 썼기 때문이다. 부모로서 어린 아이를 늦게까지 놀게 할 수도 없었고, 그렇다고 강제로 재울 수도 없는 상황이 오래 지속되었다. 인계의 한계에 이른 어느날 큰소리로 야단을 쳤다가 어린 아들의 반응에 오히려 놀라고 말았다. 아들이 바로 이렇게 말한 것이다.

"잘 키우려고 낳았으면서 왜 내 마음을 아프게 해!"

아마 친구네 부부는 "우리 아들 잘 키워야지."란 말을 자주 나누곤 했었던 모양이다. 그리고 그 말을 아들이 기억하고 있었던 듯하다. 이 시기 아이들은 에너지가 넘쳐나고 온 세상이 너무나도 신기하고 매력적이다. 당연히 놀고 싶은 욕구가 크다. 그리고 무엇보다 일로 바쁜 부모를 볼 수 있는 유일한 시간이 바로 저녁이다. 아이의 입장에서는 절대 포기할 수 없는 소중한 시간이었던 것이다. 친구 아들의 말은 많은 질문과 생각을 하게 한다.

그런데 잘 키운다는 것은 무엇일까? 혹시 부모의 기준으로 자녀의 마음을 오히려 아프게 하고 있는 건 없을까? 아이도 때로는 마음이 아프더라도 견뎌야 할 것이 있지 않을까? 그렇다면 지금의 연령에서 아이가 견딜 수 있는 좌절은 어느 정도일까?

부모는 누구나 현실적인 그리고 개인적인 한계로 인해 완벽할 수 없다. 양육이란 부모와 아이가 서로 맞춰 나가는 과정이다. 세상에서 가장 어려운 인간관계라고 할 수 있다. 따라서 자녀를 올바른 길로 인도하고 성공시켜야 한다는 강박관념에서 잠시 벗어나 있는 그대로 아이를 이해하려고 노력해 보는 자세가 필요하다. 그 과정이 그 어떤 전문가의 일률적인 양육 조언보다도 더 의미가 있지 않을까 생각한다.

또 다른 친구는 초등학교 고학년인 아들을 두었는데, 매일 아침마다 늦게 일어나는 탓에 항상 전쟁을 치르곤 했다. 아들의 늦잠 자는 버릇을 고치기 위해 혼을 냈다가 타일렀다가 무시하며 싸늘하게 대했다가 온갖 방법을 다 동원해 보았지만 아무런 변화가 없었다. 그러던 어느 날 해가 서쪽에서 뜬 것처럼 아들이 스스로 일찍 일어나서 학교 갈 준비를 하는 것이었다. 너무 신통하여 칭찬을 쏟아내다가 아들이 툭 던진 한마디에 입을 다물고 말았다.

"기다리면 다 돼요."

어쩌면 나의 해석이 과장일 수도 있겠다. 하지만 나는 친구 아들의 말에 청소년기 아이들이 원하는 것과 부모가 가져야 할 태도가 담겨 있다고 생각했다. 단지 부모의 역할은 어쩌면 그렇게 하염없이 기다리는 것이 아닐까? 아이가 정말 힘들어하며 도움을 청할 때 그때 힘껏 도와주는 것이 참부모가 아닐까? 아이 스스로 할 때까지 조급해하지 않고 기다리는 것, 부모가 보기 좋은 것을 제안하는 것이 아니라 스스로 선택하고 그 선택의 결과를 몸소 체험하게 하는 것이 중요한 게 아닐까? 부모가 기다리지 못하는 것은 부모의 문제이지 자녀의 문제가 아닌 것이다.

끝으로 정리해 보면, 여기서 전달하고자 했던 것은 두 가지다. 어떻게 보면 너무 당연하고 평범한 것이지만 실제로는 쉽지 않다.

그 첫 번째는 자녀양육은 결국 부모 자신의 마음에서 시작되는 것이라, 부모가 행복하고 건강해야 아이도 행복하고 건강하게 자랄 수 있다는 것이다. 따라서 자녀양육에 어려움을 겪고 있다면 문제 해결의 실마리를 아이에게서 찾기 이전에 바로 부모 자신을 살펴야 한다. 즉 자기 자신에 대한 깊이 있는 이해에서 양육을 시작해야 한다.

사실 각각의 가정은 특별한 남녀 두 사람이 만나

그 사이에서 특별한 아기가 태어남으로써 이루어진다.

따라서 일률적인 공식처럼 이럴 땐

이렇게 하라고 훈수를 두는 것은 도움이 되지 않으며,

개개인에 대한 충분한 이해 없이 이야기하는 것은

오히려 자녀양육에 독이 될 수도 있다.

프로이트를 통해 얻을 수 있는 자녀양육의 지혜는

바로 '나의 아들과 딸에게 양육의 해법이 있다'는 것이다.

다른 하나는 자녀양육에 대해 많은 사람에게 조언을 구할 수는 있지만, 정작 해답을 주는 사람은 바로 우리의 자녀라는 것이다. 숱한 양육 지침서가 있겠지만, 그것은 단지 말 그대로 참고 사항이지 근원적인 대책은 아니다. 그 어떤 지침이나 조언보다도 아이들의 마음에 귀 기울이려 노력하는 자세가 필요하다. 즉 프로이트를 통해 얻을 수 있는 자녀양육의 지혜는 바로 '나의 아들과 딸에게 양육의 해법이 있다'는 것이다.

임
도
현
ㅣ

대
진
대
학
교

교
양
교
육
원

교
수

자신의 시선에
아이를 가두는 부모에게

_셰익스피어가 말을 건네다

　부모에게 아이란 어떤 존재일까? 아마도 모든 고통을 대신 겪어 줄 수 있을 만큼 가장 애틋한 존재이면서 또 한편으로는 기대와 다른 행동들로 부모를 가장 많이 좌절하게 하는 존재일 것이다.

　철이 없던 때에는 나의 부모보다 더 나은 부모가 되고 싶다고, 또 그렇게 될 수 있다고 생각한다. 하지만 막상 부모가 되고 나면 "이럴 때는 어떻게 해야 하지?" "아이에게 그렇게 하지 말았어야 했는데……." 하는 고민과 후회를 반복하고 있는 자신을 깨닫게 된다.

　부모는 아이와 같은 유전자를 공유한 만큼 외양도 비슷하고 성격과 습성도 유사해서 아이를 자신의 일부라고 생각하곤 한다. '내가 이러하니 아이도 이럴 것이다.' 하고 무심코 생각해 버리는 것이다. 하지만 분명히 독립된 다른 개체다. 더군다나 살아가는 시대 상황도 달라서 부모의 삶에서 얻은 지식만으로는 답을 찾을 수 없다. 그럼에도 자신의 기준으로만 바라보다 보니 본의 아니게 자식에게 상처를 입히고 부모 자신도 갈 길을 잃곤 한다.

　부모라는 역할 하나를 더 짊어졌을 뿐 부모 역시 인간이다. 양육이란 것도 인생을 살아가며 겪는 또 다른 성장 과정일 뿐이다. 시험을 보듯 잘못된 선택을 하게 될까 봐 전전긍긍할 필요는 없다는 것이다. 그렇다고 해서 완벽한 부모가 되는 것이 불가능한 일이라 여겨 체념하거나 자신이 짊어진 역할의 무게를 가볍게 여겨서는 안 된다. 어린 시절 부모와의 관계에서 얻게 되는 상처나 버릇은 성인이 되어서까지 상당한 영향을 끼치는 것은 분명한 사실이기 때문이다. 때문에 완전할 수는 없다고 해도 보다 바른 부모가 되기 위해 노력하고, 더 나은 양육 방법을 추구하려고 시도하는 것은 우리 부모의 의무가 될 것이다.

셰익스피어는 영국이 낳은 세계적인 극작가이자 시인이다. 그래서 오랜 시간 전 세계 사람들에게 많은 사랑을 받아 왔으며, 그에 대한 전문 지식이 없는 사람들조차 셰익스피어가 위대한 작가라는 사실에 대해 의심 없이 받아들인다.

그런데 그가 이토록 위대한 작가로서 인정받는 까닭은 무엇일까? 이것에 대한 대답은 학자들마다 독자들마다 다를 것이다. 그러나 셰익스피어를 전공하면서 오랜 세월 그의 작품을 읽고 분석하고 이해하려고 노력해 온 나에게 있어서 그의 위대함은 다름 아닌 다양한 시각으로 사물을 그려 내고, 우리의 삶을 보다 폭 넓은 시각으로 바라보려고 한 '깊이 있는 인간에 대한 이해'라고 말할 수 있을 것 같다.

한국과학창의재단이 2014년 4월 5일간 서울 소재 고등학생 522명을 대상으로 실시한 설문조사 결과, 가족 간 하루 평균 대화 시간을 묻는 질문에 22.8%의 학생만이 '1시간 이상'이라고 답했다.

응답자 36.6%가 대화 시간이 '10~30분'이라고 답했고, '30~60분'은 26.4%, '10

분 이내'라고 응답한 비율도 14.2%나 됐다. 또 응답자의 37.7%(192명)는 부모에게 고민 상담을 하지 않는 것으로 나타났다.

학생들은 부모에게 자신의 고민을 이야기하지 않는 이유로 '부모가 고민을 이해 못할 것 같아서(33.5%, 175명)'라는 답변을 가장 많이 꼽았다. 이어 '평소에 진지한 대화를 해본 적이 없어서(13%)', '부모가 바빠서(9.6%)', '부모가 어렵게 느껴져서(4.4%)'를 꼽았다.

대화 시 부모가 고쳤으면 하는 부분을 묻는 질문에는 23.4%가 '공부 및 성적 중심의 대화'라고 답했다. 이어서 '부모의 생각을 강요하는 점(21.3%)', '지시 또는 명령하는 어투(17%)', '어린아이 취급(6%)' 순으로 나타났다.

〈머니투데이〉(2014.05.07일자)의 기사 중 일부 내용으로, 부모에게 많은 생각을 던져 준다. 이 기사에서 주목해야 할 부분은 대화 시간이 짧다는 현실이 아니라 그 이유에 있다. 아이들에게 부모는 항상 자신의 생각을 강요하는 존재로, 부모는 자신을 이해하지 못할 것이라는 생각이 강함을 알 수 있다. 따라서 인간 탐구에 탁월했던 셰익스피어에게서 자녀양육에 대해 지혜를 얻는 것은 하나의 해결책이 될 수 있을 것이라 생각한다. 부모와 아이의 관계도 인간관계의 한 형태임이 분명하지만 피로 맺어진 특수한 관계인 탓에 어쩌면 사회에서 형성하는 인간관계보다 더 미묘하고 어려운 관계일 수 있다. 이렇게 복잡 미묘한 관계를 갈등 없이 이끌어 나가기 위해서 우리 부모에게 필요한 것은 자녀에 대한 사랑만큼이나 다양한 시각으로 우리 아이들을 끊임없이 이해하려고 하는 노력이다.

　그리하여 셰익스피어의 대표적인 작품『햄릿』과『리어왕』그리고『베니스 상인』세 편의 희곡을 통해서 부모에게 필요한 다양한 사고 관점에 대해 함께 생각해 보는 시간을 마련해 본다.

'내'가 아니라
'아이의 시각'에서 보아야 한다

소설 『개미』로 우리나라 독자들에게도 잘 알려져 있는 프랑스 소설가 베르나르 베르베르의 작품을 전담 편집하고 있는 강무성 편집자는 베르베르의 특징을 '독자를 사로잡는 독특한 시선'이라고 정의했다. 베르베르 자신도 한 인터뷰에서 "나는 일반적이지 않은 특이한 곳에 설치된 카메라에 잡히는 이야기를 담으려고 한다."라고 말한 바 있다. 그의 말처럼 그는 사람이 아닌 개미, 외계인, 천사 등의 시선으로 인간 세상을 표현해 왔다. 우리가 숲 속에 있을 때는 숲 전체를 보지 못하다가 숲 밖으로 나와 멀리서 바라볼 때 비로소 숲의 전체가 파악되는 것과 마찬가지로 우리 인간의 삶도 인간의 시선에서 벗어나 다른 시선으로 볼 때 인간에 대한 본질적 탐구가 가능하다.

이처럼 새로운 시각, 다양한 시각에 의한 이해는 같은 사물, 상황에 대해 새로운 결과를 도출하고, 틀에 박힌 사고가 아니라 유연하고 열린 시각을 가질 수 있게 해준다. 자녀양육도 예외는 아니어서 만약 부모들이 다양한 시각을 가진다면 보다 현명한 부모 노릇이 가능해질 것이다.

자식은 부모가 낳은 '피붙이'어도 '나'는 아니다. 모든 사람이 다르듯이 내 자식도 나와 다르다. 그런데 우리 부모들은 이러한 사실을 자주 잊고 행동한다. 만약 옆집 아이가 시험에서 빵점을 맞았다는 이야기를 들으면 "그럴 수도 있지, 다음에 잘하면 되지 뭐." 하고 관대하게 위로할 수 있지만 우리 아이에게 똑같은 일이 벌어지면 이성이 작용하기 전에 얼굴이 먼저 붉어지고 심장이 뛰기 시작한다. 참으로 이상한 일이다. 이런 걸 보면 부모와 자식은 보이지 않는 무언가 단단한 끈으로 연결되어 있다는 말이 사실인 듯하다.

사실 이런 감정적 반응의 저변에는 '자식은 나의 것, 또는 자식은 바로 나 그리고 내 자존심'이라는 의식이 깔려 있다. 마치 나의 일인 양 좀처럼 아이의 일에서만큼은 이성적으로 행동하기 어렵다. 하지만 이럴 때일수록 꼭 기억해야 할 것은 나의 감정이 아니라 아이의 시각에서 제대로 보아야 한다는 것이다.

나의 아이가 유전적 작용으로 나와 모습이 같고 성격 그리고 취향까지 비슷하다고 할지라도 그럼에도 불구하고 아이는 나에게서 독립된 또 하나의 개체다. 그렇기 때문에 내가 나를 바라보는 관점으로 또는 내가 내 삶을 바라보는 관점으로 아이의 삶을 바라보면 갈등이 생기는 것을 피할 수 없다. 완전하지는 않더라도 조금이라도 갈등을 줄이기 위해서는 다양한 시각으로 사고하는 노력과 연습이 필요하다.

그 한 예로 자식의 결정이 마음에 들지 않아 유엔 자문위원인 한비야에게 도움을 구한 부모의 일화를 들 수 있다. 그 부모에게 그녀가 한 말을 살펴보면 바로 이러한 다양한 사고에 관한 것임을 알 수 있다.

어느 날 멀쩡히 다니던 대기업을 그만두고 인권 운동을 하겠다고 고집하는 딸을 말려 달라며 한 부모가 한비야를 찾아왔다. 그 부모의 부탁에 그녀는 꽃을 기르는 것에 비유해서 대답해 주었다.

"물을 많이 주는 게 좋다고는 하지만 양난과 같은 식물에게는 오히려 독이 되어 뿌리를 썩게 만들 수 있어요."

그녀의 말처럼 부모의 무조건적인 사랑이 경우에 따라선 아이에게는 도움이 아니라 오히려 방해가 될 수도 있다. 어떤 특성을 가지고 있는 꽃인지 신중하게 살펴서 그에 맞게 해주어야 잘 자라고 예쁜 꽃을 피우게 되는 것처럼 우리 아이도 어떤 성향의 사람인지 객관적으로 잘 살펴서 그에 맞는 관심과 조언을 주어야 한다.

이 일화를 처음 접했을 때 그녀의 말이 참 마음에 와닿았다. 아무리 애정을 갖고 보살펴도 내가 원하는 양의 물과 햇볕을 주다 보면 꽃이 죽을 수도 있게 된다니 말이다.

나 역시 평범한 부모라서 아이의 행동에 파르르 핏대를 올리는 일이 자주 있다. 내게는 쌍둥이 아들이 있는데, 이란성이라 그런지 두 아이는 참 많이 다르다. 큰아이는 대체적으로 얌전하고 성실하여 크게 화를 내거나 야단 칠 일이 별로 없는 반면에 둘째아이는 자기 개성이 강해 자주 감정 싸움이 벌어지곤 한다.

특히 컴퓨터로 음악 만드는 것을 좋아해서 줄곧 컴퓨터 앞에만 앉아

마치 나의 일인 양 좀처럼

아이의 일에서만큼은 이성적으로 행동하기 어렵다.

하지만 이럴 때일수록 꼭 기억해야 할 것은

나의 감정이 아니라 아이의 시각에서 제대로 보아야 한다는 것이다.

있는 둘째아이를 볼 때면 '저렇게 해서 공부는 언제 하려고 하나?' 하는 걱정과 불만이 쌓인다. 이때마다 좋게 타일러 보지만 때로는 감정을 참지 못하고 격한 반응을 보이곤 했다. 하지만 이 일화를 읽고 난 뒤에는 아이를 야단치기 전에 마음속으로 "이 아이는 다른 꽃일 수 있다."라는 말을 반복하며 감정을 다스리려고 노력한다. 스스로 주문을 외우듯 감정을 가라앉히고 이성적으로 대응해 보려고 한다. 내 아이가 정말로 다른 양의 물과 햇볕이 필요한 꽃일 수 있으니까 말이다.

부모로서 아이를 사랑하고 감싸 주는 것만큼, 아이는 나와 다른 사고 방식과 행동 양식을 가진 다른 사람이라는 것을 끊임없이 상기하는 것은 매우 중요해 보인다. 그리고 그리하다 보면 자연스럽게 아이와의 갈등도 점점 줄어들지 않을까.

셰익스피어의 『햄릿』은 이처럼 다양한 시각을 통해 문제를 보게 될 때 통상적인 판단이 아닌 다른 결론을 낼 수 있다는 것을 보여 주는 작품이다. 이 작품을 통해 부모들이 가지고 있는 가치 판단이 난공불락(難攻不落, 공격하기가 어려워 쉽사리 함락되지 아니함)의 성역이 아니라 바라보는 시각에 따라 다른 의미를 가질 수 있다는 사실을 깨닫는 계기가 되었으면 한다.

시각의 차이에 따라 달라지는 진실들

"죽느냐 사느냐 이것이 문제로다."라는 명대사로도 널리 알려진 『햄릿』은 셰익스피어의 작품 중에서도 손꼽히는 4대 비극 중 하나다. 덴마크 왕자인 햄릿이 자신의 아버지를 죽이고 왕위를 찬탈한 숙부 클로디어스에게 복수를 감행하기까지 겪는 내적 갈등이 잘 묘사되어 있는 작품이다.

모든 비극에는 그 비극의 원인이 되는 주인공의 치명적 결점 같은 것이 있다. 흔히 햄릿의 결점을 신속하게 판단하여 행동으로 옮기지 못하는 '우유부단함'이라고 말한다. 극의 마지막 장인 5장 엔딩 장면에서는 햄릿 자신을 비롯하여 죽음을 맞은 극 중 인물들이 무대 전체에 쓰러져 있는 모습이 나온다. 대부분의 사람이 이러한 참혹한 비극을 이끌어 낸 결정적 원인을 햄릿의 우유부단함이라고 생각한다. 하지만 다른 시각으로 보면 우유부단함은 햄릿의 결점이 아니라 오히려 그가 가진 장점으로 꼽을 수 있다.

덴마크 왕자 햄릿의 당면 과제는 아버지의 살해자에 대한 복수다. 우리 역사극에서와 마찬가지로 르네상스 시대의 연극에서도 부모의 살해자에게 복수하는 아들의 모습은 상당히 정의로운 모습으로 묘사된다. 입법 제도가 완전히 정착되기 전까지는 아버지의 원수에게 복수하는 것은 자식으로서 이행해야 할 의무와도 같은 것이었다. 따라서 햄릿이 아버지의 복수를 감행하는 것은 그 당시의 모든 사람들에게 당연하게 받아들여지는 행위였다. 이런 관점으로만 보면 아버지의 복수를 행동으로 옮기지 못하고 주저하는 햄릿의 행동은 그의 결점임에 틀림없다.

하지만 보다 폭 넓은 관점에서 보면 다른 결론에 도달하게 된다. 극 속에는 햄릿과 비슷한 상황에 처한 세 명의 아들들이 더 나온다. 이들의 행동은 햄릿과 대조를 이루면서 그의 행동을 다른 시각에서 볼 수 있도록 하는 도구 역할을 한다. 『햄릿』의 주된 이야기가 햄릿이 아버지를 위한 복수를 꿈꾸고 망설이는 과정들이라면, 부차적인 이야기는 세 아들들에 대한 것이다.

그 첫 번째 이야기는 햄릿의 아버지에 의해 전쟁에서 살해된 노르웨이 왕의 복수를 위해 덴마크 침범을 계획하는 젊은 포틴브라스(노르웨이 왕자)에 관한 것이다. 두 번째 이야기는 2막에서 햄릿이 덴마크 왕궁을 방문한 유랑 극단의 배우에게 연설문을 연기하도록 청하는데, 그 연설문 속에 등장하는 인물 피러스의 복수로, 햄릿과 가장 대조되는 이야기다. 마지막으로 햄릿에게 살해당한 폴로니어스의 아들 레어티즈의 복수가 세 번째 이야기다.

이 세 이야기 중에서 두 번째 피러스의 복수를 햄릿과 비교해서 살펴보면 햄릿의 결점이 왜 다르게 보일 수 있는지, 다각적 시각의 중요성을 깨달을 수 있다.

덴마크 궁정을 방문한 극단의 배우에게 햄릿은 그의 장기를 청하며 트로이 전쟁 이야기 속의 피러스를 연극해 주길 부탁한다. 이 이야기 속의 피러스는 그의 아버지를 죽인 자에 대한 복수를 꿈꾸는 인물이다.

그는 아버지의 살해자인 파리스를 찾아갔으나 그가 죽고 없자 대신 파리스의 아버지 프라이엄을 찾아간다. 이때 피러스의 복수 장면은 다음과 같이 묘사된다.

'머리 흐트러진 피러스, **검은** 마음과도 같은

검은 갑옷을 입고 **칠흑** 같은 밤에,

운명을 안은 목마 속에 스며들더니,

이제 그 **검고** 무서운 모습은 머리에서

발끝까지 **붉은 피**로 물들여져

보기에도 처참한 꼴이 되었도다.

죽은 적의 왕 얼굴을

무참히 비추며, 미쳐 날뛰는 **화염** 속에서

불타 죽은 아비의 **피**를

또 어미의 딸, 자식의

피를 덮어썼도다. **분노의 화염**에 불타면서

굳어진 피에 싸여

살기등등한 눈은 **악마의 형상**,

피러스는

노왕 프라이엄을 찾아간다.

(색은 필자 강조입니다.)

위에 인용한 부분에서 주목해야 할 점은 피러스에 대한 묘사가 아버지의 복수를 행하는 정의로운 아들의 모습이 아니라는 것이다. 그와 반대로 '흐트러진' 머리를 하고 '붉은 피로 물들어진' '검고 무서운 모습'에 '처참한 꼴'로 묘사되어 있다. 그가 복수를 행하는 것은 '검은 마음'이고, 복수의 대상을 찾아가는 피러스는 '악마의 형상'을 하고 있다. 이를 통해 피러스를 정의의 심판을 하는 인물이 아니라 오히려 살기를 가득 품은 흉악한 살해자로 본다는 것을 알 수 있다. 또한 그가 덮어쓴 피를 '죽은 아비의 피', '어미의 딸, 자식의 피'로 그려 내어 피러스의 행위를 한 가족의 붕괴로 표현한다. 이것은 피러스가 행하는 복수가 그 복수의 대상에게는 살해 행위일 뿐이며 누군가의 아비를, 또 누군가의 어미와 자식을 죽여서 한 가족을 망쳐 버리는 잔혹한 행위일 수 있음을 강조한다.

이러한 피러스의 행위와 비교해서 햄릿을 보면 복수를 바로 행하지 못하는 우유부단함이 다르게 보인다. 선왕의 모습을 한 유령이 햄릿에게 복수를 부탁하였을지라도 그것은 분명 '살해 행위'다. 또한 그의 살해는 '한 가정의 아비를 죽이는 행위'다.

이것이 복수의 실체라는 것을 깨닫고 나면, 복수를 바로 실행하지 못하고 명백한 증거를 찾기 위해 시간을 보내는 햄릿의 행동이 오히려 치명적 결점이 아니라는 생각이 든다. 오히려 신중하고 현명한 인물로, 그가 처한 비극 또한 인간을 귀중하게 여기는 사려 깊은 행동의 결과로 볼 수도 있는 것이다. 결국 시각의 차이에 따라 햄릿의 우유부단함은 그의 결점이 아니라 미덕으로 승화된다.

이처럼 보는 시각에 따라 전혀 다른 결과가 나오기도 한다. 우리 부모들이 아이를 보는 견해도 마찬가지다. 아이를 보는 각도에 따라 다를 수 있다. 조금 과장해서 말하면 효자 효녀가 시각에 따라 불효자나 불효녀가 될 수도 있고, 그와 반대의 경우도 가능하다. 따라서 부모들은 다양한 시각으로 우리 아이들을 이해하고 교육하고자 노력해야 한다.

아이가 길러야 할
다양한 시각과 역할

 내가 가진 문제나 우리의 삶을 제대로 이해하기 위해서는 다양한 시각이 꼭 필요하다. 아무리 어려워 보이는 문제도 다른 관점에서 보면 그 문제를 해결할 수 있는 여러 개의 문이 보이기 시작한다. 때문에 이는 부모가 아이들에게 길러 주어야 할 중요한 자질 중 하나다. 다양한 시각을 가진 아이들은 문제에 처했을 때 극단적으로 행동할 우려도 적다.

내가 가르치는 학생들은 20대 청춘이다 보니 누군가를 사랑하고 헤어지고 방황하는 일들이 비일비재하게 일어난다. 그러한 문제로 어두워져 있는 학생들을 볼 때면 나는 농담 식으로 "로미오와 줄리엣은 서로에게 첫사랑이었을까요?"라는 질문을 던지곤 한다.

그러면 학생들은 굉장히 흥미로운 표정을 지으면서 '당연히 첫사랑이 아닌가?' 하는 듯한 반응을 보인다. 그도 그럴 것이 『로미오와 줄리엣』은 젊은 남녀의 목숨을 건 사랑 이야기가 아니던가. 청춘 남녀의 애절한 사랑 이야기의 대명사인 만큼 대부분 그들이 서로에게 첫사랑일 것이라고 의심 없이 기정사실화한다. 하지만 실상은 그렇지 않다.

로미오가 줄리엣을 만나게 된 가면무도회에 간 이유는 로잘린이라는 여인에 대한 짝사랑의 아픔 때문이었다. 이루지 못하는 사랑 때문에 우울해하고 있는 로미오를 위로해 주기 위해 그의 친구들이 로미오를 가면무도회에 데리고 간 것이다. 짝사랑의 우울함을 떨쳐 버리기 위해 마지못해 참석한 가면무도회에서 로미오는 그의 운명의 여인인 줄리엣을 만나게 된다.

이 이야기를 해주면 학생들은 너무 의외라는 반응을 한다. 그러면 나는 "혹시 애인이 변심했다고 한강 다리에서 뛰어내리지 않아도 되겠지요? 로잘린이 떠나고 나면 다음엔 줄리엣이 와요. 로잘린에게 집착하면 줄리엣은 만날 수 없어요."라고 말하며 학생들의 웃음을 자아낸다. 우스갯소리처럼 한 이야기이기는 하지만, 문득문득 참으로 맞는 말이라는 생각이 든다. 내가 지금 사랑하는 사람이 운명의 상대여서 결혼이란 결실을 맺을 수 있기를 모두가 바란다. 하지만 내 뜻과 다를 수도 있는 것이 인생이다. 따라서 내가 생각한 것과 다른 상황이 일어났을 때 대처하는 방법 또한 미리 연습해야 한다. 만약 하나의 시각으로 오직 그것만이 전부라고 생각한다면 그것이 잘못되었을 때 더 이상 가야 할 길이 없어진다. 하지만 다른 시각으로 들여다본다면, 로잘린에 대한 짝사랑 후 운명의 대상인 줄리엣을 만나는 것처럼 새로운 길이 열린다. 지금 겪고 있는 하나의 아픈 경험은 그 뒤에 오는 참된 경험을 위한 필

내 뜻과 다를 수도 있는 것이 인생이다.

따라서 내가 생각한 것과 다른 상황이 일어났을 때

대처하는 방법 또한 미리 연습해야 한다.

만약 하나의 시각으로 오직 그것만이 전부라고 생각한다면

그것이 잘못되었을 때 더 이상 가야 할 길이 없어진다.

수적인 관문일지도 모른다.

만화가 이현세의 인생 이야기는 하나의 사건이 또 다른 삶의 열쇠가 된 좋은 예다. 그림만이 삶의 이유였던 그는 적록색약이라는 판정을 받는다. 이로 인해 미대 진학이 불가능해지자 그는 인생이 끝난 것 같은 암담함을 느낀다. 하지만 그에게 커다란 절망을 안겨 준 색약이 결국 그를 만화가의 길로 이끌었다. 그림을 그릴 수 있되 색깔을 필요로 하지 않는 일을 찾은 결과, 만화가의 삶을 시작하게 되었기 때문이다.

다양한 시각을 가지게 되면 삶에 관대해진다. 그러다 보니 자연스럽게 삶이 보다 행복해진다. 절대적인 시각으로 삶을 이해하려고 하면 이해되지 않는 것들이 너무나 많다. 타인을 이해하는 방법으로 '역지사지 易地思之'를 권하는 이유 또한 마찬가지다. 입장을 바꾸어 생각해 보라는 것은 관점을 바꾸어 보라는 말과 같다. 내 기준으로만 상대를 보려고 하면 절대로 이해할 수가 없다. 더불어 사는 세상에서 이해하고 이해받지 못하면 외로울 수밖에 없다. 남을 이해하지 못하니 신뢰를 잃게 되고, 불신은 세상에 대한 불만과 불평으로 이어지게 된다. 불만과 불평이 많은 삶을 행복한 삶이라고는 할 수 없을 것이다.

작품 속에 만들어진 허구의 인물을 '페르소나'라고 하는데, 이 용어는 고대 그리스어에서 유래한 것으로 마스크를 의미한다. 실제로 고대 그리스 연극에서는 배우들이 역할마다 마스크를 쓰고 등장했다. 오이디푸스 연기를 할 때는 오이디푸스의 마스크를 쓰고, 안티고네 역할을 할 때는 안티고네의 마스크를 쓰고 연기를 했다.

게다가 고대 그리스 연극은 오늘날 무대와 준비 장소가 분리되어 분장 전 배우의 모습을 볼 수 없는 것과 달리 무대 한쪽에 앉아 있다가 자신의 등장 시기가 되면 맡은 역할의 마스크를 쓰고 나가서 연기했다. 이러한 연극 과정은 많은 것을 의미하는데, 가장 특징적인 것은 연기와 실제 공간의 구분이 거의 없다는 점이다. 그런 까닭에 관객은 배우가 마스크를 쓰고 연극 속의 인물이 되는 과정을 자연스럽게 볼 수 있었다. 반대로 연기가 끝난 배우가 자신의 본래 모습으로 되돌아가는 것도 고스란히 볼 수 있었다.

그런데 이러한 연극 과정은 무대 위에서만 일어나는 것이 아니다. 우리 역시 삶이란 무대 위에서 다양한 역할을 해낸다. 누군가의 어머니, 아버지이자 누군가의 딸, 아들, 동료나 친구, 스승이나 제자가 되기도 하는 등 다양한 역할이 주어진다. 이런 여러 가지 역할을 동일한 인물이 맡아서 한다고 해도 그 행동은 역할에 따라 조금씩 다를 수밖에 없다. 딸로서 해야 할 역할과 사회에 나가 선생님으로서 해야 할 역할은 분명 다르다. 그 역할들이 때로는 충돌하거나 혼동될 때도 있지만 각자 맡은 역할에 충실하며 살아간다. 이런 의미에서 보면 우리도 무대 위의 배우처럼 인생이라는 무대 위의 연기자라고 말할 수 있다. 셰익스피어가 "인생이 무대다."라고 말한 것은 바로 이런 맥락에서일 것이다.

여러 역할을 소화하기 위해서는 다양한 시각을 가져야만 제대로 이해하고 이해받을 수 있다. 한 가지 역할을 수행하고 있는 모습만을 보고, 그것이 그 사람의 전부라고 판단할 때는 제대로 된 이해를 할 수 없다. 수많은 모습 중 하나의 모습을 본 것에 불과하기 때문이다. 그 사람을 온전히 이해하기 위해서는 다른 역할을 연기하는 모습도 봐야 한다. 즉 다각도로 보고 이해해야 완전한 판단을 할 수 있다. 그렇기 때문에 다양한 시각은 삶을 제대로 판단하고 올바른 인간관계를 형성하는 데도 매우 중요하다고 할 수 있다.

학생들을 가르치면서 늘 잊지 않기 위해 스스로 다짐하는 것이 있다. 그것은 내 수업에 임하는 모습만으로 그 학생을 판단하지 않겠다는 것이다. 혹여 어떤 학생이 내 수업 시간에는 불성실하고 제대로 따라오지 못할지라도 그 모습만으로 그 학생을 단정 짓지 않고자 노력한다.

교양영어 강좌를 맡아 가르칠 때였다. 학생들 중 음악학과 학생이 한 명 있었다. 그 학생은 영어를 못한다는 사실을 자랑인 듯 떠들고 다니며 수업 중 엉뚱한 질문을 많이 해서 학생들의 눈총을 사곤 했다. 하지만 늘 명랑한 모습이 보기 좋아 싫어할 수 없는 학생이었다. 시간이 날 때면 자연스럽게 이야기를 나누기도 하였는데, 어느 날 그 학생 옆에 놓인 바이올린이 눈에 띄어 다른 학생들을 위해 연주를 부탁하였다. 사실 가벼운 마음으로 청했던 것이라 부탁에 응해 줄 것이라고 기대하지 않았다. 다른 학과 학생들이 대부분이었고 분위기도 어수선하여 연주하기에 좋은 조건이 아니었기 때문이다.

그런데 너무도 흔쾌히 응하는 것이었다. 나는 속으로 '아이고, 큰일이네!' 하는 걱정이 앞섰다. 행여 청중의 차가운 반응에 그 학생이 상처를 받으면 어쩌나 하는 생각이 들었던 것이다. 하지만 결심을 굳힌 그 학생은 진지하게 어깨에 바이올린을 올리더니 "쇼팽!"이라고 짧게 외쳤다.

연주가 시작되자 평소 어린아이처럼 실없이 이런저런 말을 쏟아내던 태도는 온데간데없이 사라지고 없었다. 그 전까지만 해도 보잘것없었던 강의실은 그 학생의 바이올린 소리로 가득 채워졌다. 그곳에 있던 어느 누구도 떠들거나 장난스럽게 웃지 않았다. 연주를 하는 그의 모습은 평소 내가 알던 학생과 전혀 달랐다. 잦은 농담 때문에 조금은 그를 우습게 보던 다른 학생들도 새로운 눈으로 그를 바라보는 게 느껴졌다. 이때의 인연으로 훗날 그의 연주회에 초대받아 가게 되었는데, 그는 오케스트라를 이끄는 제1바이올린 연주자가 되어 있었다.

그날의 사건은 이후 나에게 한 단면만을 보고 학생들을 판단해서는 안 된다는 깨달음을 준 좋은 경험이었다. 흥미 없는 수업을 듣고 있을 때 성실하고 똑똑해 보이는 학생은 드물다. 하지만 그 학생이 어디에서나 그런 모습인 것은 아니다. 자신이 좋아하고 흥미를 느끼는 분야에서는 전혀 다른 사람이 될 수도 있다. 이런 사실은 우리 부모에게도 귀중한 지혜를 선사한다. 무작정 "왜 그렇게 게으르니? 열심히 좀 해라!" 혹은 "욕심을 가져라. 좀 더 잘해 보려고 노력해 봐." 하며 아이를 다그칠 것이 아니라, 아이가 현재 하고 있는 일이 아이의 흥미를 끌고 있지 못하는 것은 아닌지 먼저 살펴볼 필요가 있다. 그래서 아이의 문제가 흥미와 재능의 문제라면, 아이의 인격을 손상시킬 수 있는 비난을 하기보다 아이에게 맞는 것을 찾아 주려고 노력하는 것이 부모의 역할이 아닌가 한다.

아이는 모두
불효자가 되어야 한다

 『햄릿』과 마찬가지로 셰익스피어의 4대 비극 중 하나인 『리어 왕』은 성급한 판단으로 인해 자식들과 불화를 겪고, 결국 가족의 비극을 초래한 리어 왕에 대한 이야기다.

영국의 왕 리어에게는 고네릴, 리건 그리고 코델리아라는 세 딸이 있다. 이제 왕좌에서 내려와 여생을 마감하기로 결심한 리어 왕은 그의 왕국을 세 딸에게 나누어 줄 준비를 한다. 그는 모두가 모인 자리에서 자신을 가장 사랑하는 딸에게 그 사랑의 크기만큼 왕국의 땅과 재산을 주겠다고 선언한다.

그러자 고네릴과 리건은 '우주보다 그리고 목숨보다 사랑한다'는 감언이설로 아버지에 대한 사랑을 표현한다. 하지만 막내딸 코델리아는 거짓과 과장으로 이루어진 언니들의 고백을 거부하며, 듣기에 좋은 말이 아니라 자신의 진심에서 우러나온 사랑 고백을 한다. 아버지에 대한 자식의 사랑은 자식의 도리로서 의무를 다하는 것뿐이고, 결혼을 하게 되면 자신의 사랑의 반은 남편에게 나누어 주어야 하기 때문에 언니들이 말한 것처럼 우주보다 목숨보다 아버지를 더 사랑할 수 있는 것은 불가능하다고 말이다.

이에 리어 왕은 분노한다. 평소에 가장 많은 사랑을 주었던 딸이었기 때문에 그의 분노는 더욱 증폭된다. 그 결과 리어 왕은 자신의 재산을 고네릴과 리건에게 모두 나누어 주고 코델리아에게는 한 푼도 주지 않은 채 왕국에서 내쫓아 버린다. 충신인 켄트 백작이 이를 나서서 저지해 보지만 이미 이성을 잃은 리어 왕은 그마저도 추방시켜 버린다. 리어 왕의 이러한 행위는 재산을 받기 위해 마음에도 없는 아첨을 한 두 딸 고네릴과 리건에게조차 비난받는다. 평소에 아끼던 코델리아를 자신의 뜻에 맞지 않는다고 해서 매몰차게 내쫓아 버린 것은 그의 노망을 위심할 정도로 지나친 행동이었던 것이다.

진심이 어떻든 간에 자신이 원하는 방식을 따라오지 않는다고 해서 코델리아를 내쳐 버린 리어 왕은 결국 자신의 모든 재산을 나누어 준 고네릴과 리건에게 배반당한다. 이것은 어쩌면 당연한 결과일지 모른다. 비록 유산을 받기 위해 아첨을 하여 리어 왕의 환심을 얻은 그들이지만 코델리아를 대하는 태도에서 아버지의 지나침을 목격했기 때문이다. 그들이 침묵한 것은 재산 때문이었고, 이제 그 재산이라는 무기가 없어진 리어 왕에게 순종해야 할 이유는 남아 있지 않았다. 믿었던 두 딸에게 버림받은 리어 왕은 그들에게 온갖 저주를 퍼부으며 광야를 헤매다 극심한 분노에 정신을 놓기에 이른다.

흔히들 리어 왕을 비극으로 이끈 주된 원인을 그의 성급한 판단 때문이라고 말한다. 세 명의 딸 중에서 어떤 딸이 진심으로 어버이를 위하고 있는지 제대로 판단하지 못하고 감정을 앞세워 직언을 한 코델리아를 버린 것이 그의 비극을 초래했다고 말이다.

하지만 그 성급한 판단 이전에 리어 왕이 갖고 있었던 문제는 자신의 왕국을 나누어 주면서도 그 왕권, 즉 자신의 권위는 그대로 유지하고 싶어했다는 데 있다. 표면적으로는 자신의 왕권을 포기하는 것처럼 보였지만 실질적으로는 자신이 갖고 있던 왕권을 그대로 유지하길 바랐던 것이다. 리어 왕은 그의 자식들이 자신만의 삶을 살아야 한다는 것을 인정하기 꺼려했다. 그렇기 때문에 자신의 뜻을 표명하는 코델리아를 받아들일 수 없었던 것이고, 이것이 그를 분노하게 했던 것이다.

리어 왕은 왕좌에서 내려온 후에도 권위를 계속 휘두를 수 있게 해주고 왕권을 보장해 줄 자식이 필요했다. 그래서 선택한 두 딸이건만, 두 딸은 더 이상 아첨할 이유가 없어진 아버지를 받들 이유가 없었다. 그것을 미리 헤아리지 못한 리어 왕은 정신을 잃을 정도의 고통을 겪은 후에야 비로소 진실을 볼 수 있게 된다.

나라에서 추방된 이후 프랑스의 왕비가 된 코델리아는 두 딸에게 버림받고 어려움에 처한 아버지의 소식을 듣고는 군대를 이끌고 영국으로 진격한다. 하지만 불행히도 패배해 아버지와 함께 포로로 잡혀 병사의 손에 교살된다. 리어 왕은 딸의 시체를 안고 진실을 제대로 보지 못한 자신의 잘못에 대한 후회와 딸을 잃은 슬픔에 통곡하다가 끝내 절명한다.

리어 왕처럼 극단적이지는 않더라도 대부분의 부모가 자신의 말을 더 잘 듣는 아이를 보다 편애하는 모습을 보인다. 또한 부모라는 이름으로 아이가 자신의 말을 따르도록 강요한다. 만약 이런 태도가 지속될 경우 리어 왕처럼 정말로 보아야 할 진실은 보지 못하는 실수를 저지를 수 있다.

자식은 어떤 면에서 보면 부모의 뜻을 어기는 불효자가 될 수밖에 없다. 왜냐하면 부모가 보통 자식에게 원하는 것은 부모 세대의 삶에서 만들어진 요구일 수밖에 없기 때문이다. 자식이 사는 세상은 부모가 살던 세상과 다르며, 그렇기 때문에 선택하고 취해야 할 삶도 다를 수밖에 없다. 이러한 상황을 이해하지 못한 채 자식이 부모의 뜻에 따라야 한다고 주장하다 보면 당연히 불효자를 만들어 낼 수밖에 없다. 우리가 자식에게 좋은 삶이라고 제시하는 것은 절대적인 것이 아니라 부모의 경험이나 지식에서 나온 파편에 불과하다.

예를 들어 좋은 대학을 나온 사람들이 성공하는 것을 많이 본 부모라면 성공하기 위해서는 좋은 대학을 나와야 한다고 가르칠 것이다. 이와 반대로 좋은 학벌보다 뛰어난 재능으로 성공한 사람들을 많이 본 부모라면 대학은 꿈을 위한 무수한 선택지 중 하나일 뿐이라고 조언할 것이다. 이처럼 우리가 아이에게 주는 삶에 대한 도움말(지혜, 정보)은 완전할 수 없다는 것을 인식해야 한다. 다만 삶에서 깨달은 경험과 지식을 기반으로 최선의 정보를 줄 수 있을 뿐이다. 따라서 아이에게 무

자식은 어떤 면에서 보면

부모의 뜻을 어기는 불효자가 될 수밖에 없다.

왜냐하면 부모가 보통 자식에게 원하는 것은

부모 세대의 삶에서 만들어진 요구일 수밖에 없기 때문이다.

자식이 사는 세상은 부모가 살던 세상과 다르며,

그렇기 때문에 선택하고 취해야 할 삶도 다를 수밖에 없다.

언가를 가르치거나 요구할 때 그것이 부모의 뜻인지 아니면 아이 입장에서 진정으로 필요한 것인지 점검해 볼 필요가 있다.

왜 너는
행복하지 않니?

베르나르 베르베르의 『천사들의 제국』은 나에게 삶에 대한 새로운 시각을 갖게 해준 작품이다. 좀 더 자세히 말하면 시련에 대한 생각이 바뀌게 되었다. 그 이후부터 강의 시간에도 자주 인용하여 학생들이 삶에 대해 새로운 시각을 가지는 기회로 활용하곤 한다.

이 소설에 따르면 세상과 안녕하여 하늘나라에게 가게 되면 우리의 영혼에 점수가 매겨진다. 그래서 일정한 점수(600점) 이상이 되면 천사가 되거나 자신의 의지에 따라 다시 인간으로 태어날 수 있다. 그와 반대로 점수가 모자라면 다시 인간 세상에서 태어나 부족한 영혼의 점수를 채우기 위해 삶을 다시 살아야 한다. 이때 영혼의 점수를 많이 받는 사람은 성공하여 평화로운 삶을 산 사람이 아니라 시련이나 역경을 극복하며 산 사람이다. 이러한 논리로 보면 많은 고난을 겪으며 잘 헤쳐 나간 삶일수록 가치 있는 삶이라는 결론이 나온다. 이는 행복하고 성공한 삶을 목표로 하는 우리들에게 삶에 대한 새로운 시각을 보여 준다.

이러한 메시지는 나에게 커다란 충격으로 다가왔다. 우리는 흔히 고난이 왔을 때 "왜 내게만 불행한 일이 생기는 거지?" 하고 불평하며 혹시 나만 저주를 받은 것이 아닌가 하는 어두운 생각을 하게 된다. 부정적인 성향이어서가 아니라 인간이라면 누구나 갖고 있는 보편적인 사고다. 나 역시도 어떤 시련이나 불행도 일어나지 않기를 바라며 전전긍긍해 왔다.

이런 나에게 『천사들의 제국』에서 제시한 삶에 대한 시각은 나의 삶을 전혀 새로운 각도에서 볼 수 있게 해주었다. 즉 삶에서 겪는 시련은 우리의 영혼을 성숙시킬 귀중한 기회이며, 이 시련을 어떻게 극복하느냐가 삶을 사는 본연의 이유라고 생각하게 된 것이다. 그렇다면 불행과 시련 사이에 간간히 맞이하게 되는 행복은 그야말로 최고의 기분 좋은 '보너스'라고 할 수 있다.

이러한 시각은 행복을 당연한 것으로 여기며 나에게 오는 불행은 있어서는 안 되는 일종의 저주라고 치부하는 견해와 얼마나 큰 차이를 만들어 낼까?

무엇보다도 우리는 더욱 자주, 많은 것에 감사하며 살아갈 수 있을 것이다. 매사에 감사하는 것이 엄청난 긍정의 에너지를 가져온다는 것은 이미 널리 알려진 사실이다. 이렇게 삶이 긍정의 에너지로 넘쳐난다면 행복하고 만족스럽지 않을 수가 없다.

내 아이가 아무런 불행도 겪지 않고 행복하게만 살아가기를 바라는 것은 모든 부모의 마음이다. 그래서 행여나 벌어질지도 모르는 불행과 역경을 미리미리 해결해 주기 위해 부모들은 신경을 곤두세운다. 하지만 불행과 고난이라는 것은 실상 따져 보면 상대적인 개념이다. 부모 세대가 자랐던 시대만 해도 물질적으로 지금처럼 넉넉하지 못했다. 그저 하루 세 끼 배불리 먹는 것만으로도 감사했던 우리의 부모 세대보다는 풍요로웠지만, 지금은 아이에게 더 많은 교육과 여유를 선사할 수 있게 되었다. 이유식 하나도 유기농으로 만들어 먹이며 일 년에 한두 번은 여행을 떠나고 최고의 교육 환경을 만들어 주기 위해 노력한다. 그러나 이렇게 넘칠 듯이 유복한 환경 속에서도 아이들은 여전히 불행과 시련을 겪는다. 그 불행과 시련의 이름만이 달라졌을 뿐 여전히 존재하는 것이다.

어쩌면 이는 아이가 자라기 위해 반드시 거쳐야 할 관문일지도 모른다. 문제는 부모들이 아이의 고통을 보고 싶어하지 않는다는 사실에 있다. 그리고 부모의 이러한 바람은 허황된 욕심일 뿐이다.

더군다나 부모들은 종종 자녀에게 "네가 원하는 모든 것을 다 해주고 있는데 왜 너는 행복해하고 감사할 줄 모르는 거니?" 하고 불만을 토로하곤 한다. 이런 생각의 저변에는 부모의 어린 시절보다 더 많은 것을 누리기 때문에 당연히 더 행복해야 한다는 생각이 깔려 있다. 하지만 자기만의 삶을 만들어 가는 아이들에게는 부모가 제공해 주는 것들로 해결되지 않는 고민과 걱정거리들이 있기 마련이다.

청소년의 갈등과 문제에 대해 해답을 주기 위한 책을 여러 편 집필한 이남석 작가는 『뭘 해도 괜찮아』라는 그의 저서에서 부모가 가지고

자기만의 삶을 만들어 가는 아이들에게는

부모가 제공해 주는 것들로 해결되지 않는

고민과 걱정거리들이 있기 마련이다.

있는 문제점에 대해서 이렇게 설명하고 있다.

살아온 날이 많은 어른들은 지나온 시간을 돌이켜 보면 하나의 이야기로 연결돼요. 그래서 인생이 한 줄로 그어진 도로인 것처럼 착각하게 되죠. 그리고 자기 아이들도 '이 지점에 오면 이걸 느낄 텐데.' 하는 식으로 봐요. 그래서 각 지점마다 자기가 좋다고 생각하는 것을 하라고 자꾸 설계해 줍니다. 정작 당사자가 그런 것을 느끼는지 아닌지는 보지도 못하고요.

이남석 작가의 말처럼 우리 부모는 이런저런 시도를 하고 그 속에서 성공과 실패를 반복하며 구불구불 돌고 돌아 지금의 자리에 이르렀다. 그런데 이 사실을 까맣게 잊고, 우리 아이들을 쭉 뻗은 고속도로로 안내하고자 한다. 이를 벗어나려고 하는 아이를 도무지 이해하지 못하면서 말이다. 부모의 이런 태도는 아이를 빨리 목표에 도달하게 할 수는 있겠지만, 성장시키지는 못한다. 여러 시행착오를 통해서 성숙해질 수 있는 우리 아이의 삶을 오히려 정체시키는 것이다.

우리가 통상적으로 행복과 성공은 '좋은 것' 그리고 불행과 실패는 '나쁜 것'이라 여기는 관점은 어느 한 부분에서 보면 옳다. 하지만 다른 관점에서 보면, 특히 앞에서 언급한 베르베르의 관점에서 보면 그와 반대일 수도 있다.

불행과 실패는 영혼의 점수를 높일 수 있는 소중한 기회가 된다. 이러한 시각은 새로운 관점의 양육을 부모에게 제시해 준다고 생각한다.

아이가 시련을 겪을 때 이를 피하지 못한 것을 안타까워하기보다 아이가 이를 잘 받아들이고 극복할 수 있도록 도와주면 어떨까? 물론 이렇게 말하는 나 역시도 우리 아이의 실패와 좌절을 마냥 반기기 어렵다. 하지만 소중한 내 아이를 위해 노력해 볼 가치가 있다고 생각한다.

이번 겨울 계절학기 수강생 중에 모든 면에서 성실하고 뛰어난 학생이 있었다. 게다가 요즘 말하는 꽃미남이었다. 그런데 남들이 부러워할 만한 모든 조건을 다 가진 듯 보이는 그 학생은 정작 행복해 보이지 않았다. 그는 언제나 위축되고 초조해 보였으며 항상 근심 어려 있었다. 쉬는 시간이면 나를 찾아와 같은 부분에 대해 여러 번 반복해서 질문을 했고, 설명을 다 들은 후에도 여전히 안심하지 못했다.

한번은 이해 능력이 부족해서 그런가 싶어서 설명을 해준 후 이해가 되지 않느냐고 물었다. 그러자 그 학생은 이해할 수 있다고 대답했다. 그리고 그 뒤에 조심스럽게 덧붙인 그의 설명은 나를 놀라게 했다. 실수를 하면 어쩌나 하는 두려움 때문에 마음을 놓을 수 없어서 반복적으로 질문하게 된다고, 친구들에게도 지적을 많이 받아 왔다는 것이다.

실패를 두려워하다 보니 성격마저 바뀌어 버린 대표적인 사례였다. 충분한 실력과 능력을 갖추고 있음에도 불구하고 스스로를 믿지 못하기 때문에 매사에 불안하고 자신이 없었다. 스스로도 자신의 문제점을 알고 있지만 습관처럼 몸에 밴 실패에 대한 불안감과 초조함은 결심한다고 해서 하루아침에 고칠 수 있는 게 아니었다. 객관적으로 수려한 학생이었지만 그런 태도는 그의 매력을 떨어뜨렸다. 시험 시간에도 문제를 다 풀었음에도 모든 학생이 다 떠난 후에도 자리를 뜨지 못했다. 이러한 모습은 끝까지 최선을 다하는 보이기도 하지만, 실상은 자신을 믿지 못해서 스스로를 괴롭히고 있는 것에 지나지 않는다.

어떤 사람도 백전백승할 수 없다. 실패는 자연스러운 일이며, 이를 극복함으로써 오히려 진정한 삶의 의미를 깨닫게 된다는 것을 배울 기회가 그 학생은 없었던 것 같다.

지금이라도 나는 아이가 실패하거나 시련을 겪었을 때 격려하며 용기를 주었는지 반성해 볼 일이다. 진정으로 따뜻한 손을 내밀었는지, 격려하는 마음으로 용기를 주었는지 생각해 볼 일이다. 우리 부모 자신이 실패에 대해 새로운 시각을 가질 수 있다면 이것은 어려운 일이 아닐 수도 있을 것이다. 즉 다른 시각을 가지면 다른 해답이 나올 수 있다. 우리 부모들이 실패와 행복에 대한 생각을 새롭게 하고 이것을 가르쳐 줄 수 있으면, 우리 아이들이 좀 더 행복한 삶을 살 수 있지 않을까.

보이는 것에
홀리지 않아야 한다

『베니스의 상인』은 돈을 갚지 못해 1파운드의 살을 제공하게 된 공개 법정 장면으로 잘 알려진 희곡이다. 무역 상인인 안토니오는 친구 바사니오를 위해 자신의 배를 담보로 샤일록에게 돈을 빌리고, 갚을 수 없을 때에는 1파운드의 살을 제공한다는 증서를 쓴다. 그런데 배가 파선되는 바람에 돈을 갚을 수 없게 되자 안토니오는 목숨이 위태로워진다. 아내 포샤의 도움으로 바사니오가 증서에 명기된 돈의 세 배를 주겠다고 하지만, 평소 안토니오를 미워하던 샤일록은 이를 거절한다. 이처럼 일촉즉발의 상황에 놓인 재판은 법학박사로 변장한 포샤에 의해 원고와 피고의 입장이 뒤바뀌게 되는 반전의 장면이 연출된다.

포샤는 차용증서에 적혀 있는 그대로 집행되기를 고집하는 샤일록을 그가 주장하는 '법대로'라는 방법으로 통쾌하게 굴복시킨다. 즉 1파운드의 살을 잘라 내는 것을 허락하되 한 방울의 피도 흘려서는 안 된다고 한 것이다. 이러한 포샤의 판결에 따라 상황은 급반전되고 샤일록

은 빌려 준 원금은커녕 기독교인의 목숨을 위협했다는 혐의로 재산을
몰수당하고 급기야 목숨까지 위태로워진다. 결국 피해자였던 안토니
오가 자비를 베풀어 샤일록이 목숨을 건지는 굴욕을 겪으며 이 재판은
종결된다.

숨을 죽이는 긴장감으로 재판 장면을 지켜보던 관객들은 포샤의 기
발한 판결로 극적인 해피엔딩을 경험하게 된다. 이러한 흥미진진한 법
정 장면 이외에도 이 희곡은 포샤와 구혼자들이 벌이는 '상자 선택' 이
야기로도 유명하다. 포샤의 아버지는 딸에게 제대로 된 남편을 구해 주
기 위해 세상을 떠나기 직전에 하나의 안전장치를 마련해 둔다. 금, 은,
납으로 된 세 개의 상자 중에서 포샤의 초상화가 들어 있는 상자를 고
르는 사람을 사위로 삼겠다는 유언을 남긴 것이다. 아버지의 깊은 뜻이
함께 담겨 있었지만, 포샤는 "살아 있는 딸의 의지가 돌아가신 아버님
의 유언에 매여 있다니!" 하며 부당함을 토로한다. 딸의 의지가 아니라
아버지의 뜻에 따라 남편이 결정되는 상황이 자식의 입장에서는 충분
히 불만스러울 수 있을 것이다. 부모가 자식의 인생 문제에 너무 깊이
관여하고 있다는 느낌도 지울 수 없다.

그런데 상자 선택을 통해서 포샤의 아버지가 진정한 인간의 가치로
여긴 것은 무엇일까? 그는 어떤 인격과 가치관을 갖고 있는 사람이 딸
의 남편이 되기를 원했던 것일까? 결국 상자 선택을 통해 많은 구혼자
중에서 포샤가 원하는 대로 바사니오를 남편으로 맞이하게 되는데,
이는 과연 우연일까? 아니면 아버지의 선견지명일까? 이렇듯 상자 선

택은 여러 의문을 갖게 한다. 이러한 의문에 대한 해답을 고민하며 찾아보는 사이 아이의 미래를 위해 필요한 교훈을 얻을 수 있을 것이라 생각한다.

포샤의 아버지가 설정해 놓은 상자 중 금 상자에는 "나를 선택하는 자, 많은 사람들이 원하는 걸 얻으리라!"라는 글귀가 새겨져 있고, 은 상자에는 "나를 선택하는 자, 그 신분에 합당한 것을 얻으리라!"라는 약속이, 그리고 마지막 납 상자에는 "나를 선택하는 자, 가진 것 모두를 걸고 모험을 해야 한다!"라는 경고가 새겨져 있었다. 금, 은 그리고 납이라고 하는 겉모습과 함께 상자에 새겨져 있는 글귀들 또한 포샤의 아버지가 의도한 심오한 의미들이 담겨 있었다. 그 의미를 제대로 판단한 자만이 포샤의 남편이 되는 기회를 얻게 되는 것이다.

세 개의 상자들을 면밀히 관찰한 후 금 상자를 선택한 것은 모로코 영주다. 이 선택을 통해 번쩍이는 겉모습에 홀려 그 이면의 뜻을 미처 알아차리지 못하는 그의 아둔한 성격이 드러나게 된다. 그가 선택한 황금 상자 안에는 해골과 함께 다음의 글귀가 쓰여 있는 두루마리가 해골의 텅 빈 눈구멍에 꽂혀 있었다.

번쩍이는 것 모두가 금은 아니다,

그대는 이렇게 말하는 걸 자주 들었을 것,

수많은 사람들이 내 겉모습에 홀려,

그들의 생명을 팔았도다.

황금의 무덤 속엔 구더기가 우글거릴 뿐.

금 상자에 들어 있는 해골은 겉으로 보이는 세상의 모든 것은 결국 허망하게 사라져 버린다는 것을 말해 준다. 세속적인 영화를 추구하는 사람의 삶은 이미 정신적으로 죽은 것과 같으며 아무런 의미가 없다는 것이다.

모로코 영주의 뒤를 이어 애러건 영주는 금 상자가 아닌 은 상자를 선택한다. 하지만 그 역시 모로코 영주처럼 외양에 속은 것이나 마찬가지다. 그가 금 상자를 택하지 않은 이유는 번쩍이는 금 상자에 현혹된 대중들보다 자신이 우월하다고 생각했기 때문이다. 다시 말하면 그가 은 상자를 선택한 것은 진실성에 의해서가 아니라 오만한 성격 때문이었고, 그 역시 사랑이라는 내적 가치를 물질이란 겉모습으로 판단하였기에 금 상자를 선택한 모로코 영주와 크게 다르지 않다. 은 상자에는 인간의 어리석음을 상징하는 '눈을 끔적이는 바보의 초상화'와 함께 다음의 글귀가 쓰여 있었다.

이 세상엔 그림자에 입 맞추는 사람이 있으니

이를 축복하는 것은 단지 그림자뿐,

은으로 본성을 숨기고 있는 바보가 있으니,

이것이 바로 그러한 것

그대가 어떤 아내와 잠자리를 나누든

그대는 항상 바보가 될 것이다.

그러니 떠나시오. 당신 일은 끝났소.

이 글귀는 세속적인 가치에 현혹되기 쉬운 인간의 어리석음을 경고하고 있다. 겉모습과 실재의 괴리를 파악하고 글자 이면에 존재하는 본질을 간파하는 지혜가 사랑에 있어서도 올바른 선택을 할 수 있게 한다는 것을 말해 주고 있다. 은 상자를 선택한 애러건 영주는 자신의 오만함과 함께 세속적인 가치에 현혹되어 판단의 오류를 범하는 어리석은 인물임이 폭로되며 남편감에서 탈락한다.

마지막 구혼자 바사니오는 세 상자에 쓰여 있는 문구를 모두 읽고 이렇게 말한다.

그럴싸한 외양은 현자를 함정에 빠뜨리기 위해

교활한 세상이 뒤집어 쓴 그럴싸한 진실이지. 그러니

미다스 왕이 씹지도 못하는 단단한 음식, 그대 찬란한 황금이여,

난 그대를 원치 않아, 사람들 사이를 오가는 천하고 창백한 은이여,

그대 역시 난 원치 않아. 그러나 보잘것없는 납이여,

솔깃한 말로 뭔가를 약속하는 게 아니라 위협하는 것 같지만

가식 없는 그대 말이 그 어떤 웅변보다 내 마음을 움직이는구나.

결국 납 상자를 고른 바사니오는 상자 속에서 아름다운 포샤의 초상

화와 함께 글귀가 적혀 있는 두루마리를 발견한다. 그 두루마리에는 다음과 같이 포샤 아버지의 뜻이 쓰여 있었다.

겉모습만 보고 선택하지 않은 그대,

운수 역시 좋아 올바른 선택을 했도다.

이 행운이 그대 차지가 되었으니,

만족하고 새것을 찾으려 하지 말지어다.

그대 진정으로 이것을 흡족히 생각하여,

그대 운명을 그대의 축복으로 여기면,

그대 연인에게로 발걸음을 돌려서,

사랑에 넘치는 키스로 구혼하도록 하라.

두루마리에 쓰인 글귀에서 알 수 있듯이 포샤의 아버지가 주고자 한 교훈은 겉모습에 현혹되지 않고 내면을 볼 수 있어야 한다는 것이다. 그리고 겉모습이 아닌 실재를 볼 수 있는 사람을 남편으로 맞이할 수 있도록 성인의 지혜와도 같은 장치(유언)를 해놓았다.

이에 감탄하는 한편 우리 아이들에게 그처럼 외양보다 실재가 중요하다고 가르칠 수 있을지 반성이 된다.

연극사 수업을 듣는 대학원 학생 중에 두 아이를 둔 학부모가 있었다. 어느 날 이 학생이 근심 가득한 얼굴로 고민을 토로해 왔다. 초등학교 4학년 된 딸아이가 있는데 이런 이야기를 했다는 것이다.

"엄마, 난 친구를 위해서 양보를 했는데 친구들이 나보고 바보라고 해."

다른 사람에게 양보하는 것이 옳다고 배우고 그렇게 행동해 오던 아이가 하나의 장벽을 만난 것이다. 물론 서로 양보하고 함께하는 것은 옳은 행동이다. 그러나 이익 추구가 주요 목적이 되고 있는 이 사회에서 종종 그러한 행동은 안타깝게도 자신의 이익을 제대로 챙기지 못하는 모자란 행동으로 여겨지고 있다.

부모인 나의 학생도 분명 딸아이의 행동이 옳다고 생각하지만, 친구의 놀림으로 "나도 이제 양보 안 할 거야!"라고 말하는 딸에게 솔직히 무슨 말을 해주어야 할지 모르겠다고 털어놓았다.

언제부터 우리 아이들이 이렇게 된 것일까? 다른 사람을 돕고 양보하는 것은 인간의 본성과도 같은 것인데 이것이 바보 같은 행동으로 취급당하고 있다니, 그동안 우리 부모들은 아이에게 무엇을 가르친 것일까? 나 역시 부모의 한 사람으로서 너무도 부끄럽지 않을 수 없었다.

이것은 아마도 내면보다는 결과 위주의 외양만을 강조한 결과가 아닌가 싶다. 시험 결과로 그 아이의 능력만이 아니라 인성까지도 판단하는 우리의 교육 환경에서 시험 문제와는 관련 없어 보이는 양보라는 행위는 자신의 것을 제대로 챙기지 못하는 바보들이나 하는 행동으로 보이는 것이다. 자칫 바보로 취급받을 수도 있는 이러한 상황에서 부모인 나는 과연 우리 아이에게 자기의 이익을 양보하라고 말할 수 있을까? 선뜻 대답하지 못하고 고민하는 나의 학생처럼 쉽지 않은 일이다.

교양영어 수업 시간에 다루었던 영어 지문 중에 '인간이 다른 사람을 돕고자 하는 생물학적 욕구를 가지고 있다는 것'을 실험으로 밝힌 연구가 있었다. 그 연구에 따르면 다른 사람을 생각하고 도우려고 하는 행위는 인간만이 가진 고유한 것으로, 아주 어린 나이의 아이에게서도 관찰되어진다고 한다. 이와 함께 흥미로운 실험을 소개하였는데, 18개월 된 아이를 대상으로 펜을 떨어뜨린 후 반응을 지켜보았다. 그러자 아이는 누군가 일부러 떨어뜨린 펜의 경우 주워 주지 않았지만(버리기 위해서일 수도 있으므로), 모르고 떨어뜨린 경우 주워 주는 모습을 보였다. 이렇듯 아직 기저귀를 차야 하는 어린아이에게서도 나타나는 이타적인 행위 때문에 '인간의 뇌가 이타적이 되도록 설계된 것은 아닐까?' 하는 가설을 세우고 있다고 한다.

위의 연구에서 밝혀진 내용은 우리 인간이 어떻게 살아야 하는가에 대한 해답을 준다고 생각한다. 인간은 근본적으로 남을 생각하고 도우며 살아야 한다는 것이다. 하지만 물질문명에 치우친 나머지 외양에 집중하여 인간으로서 당연히 해야 할 행동의 가치를 어느새 잊고 말았다. 이러한 사회에서 아등바등 살다 보니 자신의 이익을 우선하는 것이 잘 사는 길이라 인식하게 되었고, 알게 모르게 우리 아이들에게까지 그렇게 주입시키고 있었던 것 같다.

우리 아이가 양보해서 잃게 되는 볼펜 하나 색종이 하나에 집착하지 말고 우리 아이 내면에서 일어나는 변화에 주목해 보자. 다른 사람을 배려함으로써 아이 내부에서 발생할 인간으로서의 존엄함, 자부심에 관심을 가지는 것이다. 작은 양보가 불러일으키는 변화는 돈으로도 살 수 없는 값진 가르침을 아이에게 선사할 것이다.

사실 우리 사회는 이미 외양이 실재를 능가하는 듯이 보인다. 내면의 가치보다는 겉모습이나 눈으로 확인할 수 있는 보이는 것들에 마음을 쉽게 빼앗긴다. 자녀의 고등학교 졸업 선물로 부모가 성형수술을 해주는 것은 이제 더 이상 뉴스거리도 되지 않는다.

예뻐지고 더 근사해지기 위해 애쓰는 만큼 내면을 가꾸기 위해서는 어떠한 노력을 기울이고 있는가? 사실 내면의 문제는 겉으로 보이지 않기 때문에 우리 아이가 홀로 겪어야 하는 부분일지도 모른다. 그렇기 때문에 아이의 내면을 채워 주는 문제야말로 부모의 관심과 도움이 필요하다. 물질적으로는 그 어느 때보다도 풍요로워지고 있지만 외양을 중시하는 사회에서 우리 아이들은 별로 행복해 보이지 않는다. 오히려 더 나은 외양만을 원하며 채워지지 않는 욕망에 지쳐 가고 있다. 이러한 때일수록 아이의 내면 문제에 좀 더 주의를 기울이고 함께 고민하고 해결해 나가려는 부모의 노력이 절실히 필요하지 않을까 생각해 본다.

디지털인문학연구소장
김시천

4장

독이 되고 있는 부모의 교육열, 진짜 교육은 무엇일까?

_동양고전이 답하다

나는 오늘도 학원, 숙제에 치여 밤 11시에 잠이 든다. '내 꿈은 뭐지, (엄마가 원하는) 예일대?' 영어 숙제를 하는 나를 엄마는 걱정스럽게 쳐다보았다. 마치 내가 자살을 기도하다 살아난 사람인 양. 입시에 지친 학생들이 자살한다. 나라가 바뀐다는 듯한 희망을 가지고서…

_A군의 일기

(밤) 12시까지 남아서 공부하는 곳(학원)이 뭐가 좋다고 다니는지 모르겠다. 망할 X의 선생님이 '이 학원이 좋다, 저 학원이 좋다'고 말하니까 엄마들은 애 데리고 여기 갔다 저기 갔다 애들을 반쯤 죽여 놓는다. 온 사방 곳곳 좋다는 학원만 바꿔서 다니는 내 인생, 그게 바로 나다. 학원 때문에 스트레스 받아 짜증난다.

_C군의 일기

2013년 지방의 한 교육청이 학교 측의 도움을 받아 초등학교 전체 학년 학생들의 일기를 조사하였다. 위의 일기는 그중 일부로 작년(2014년) 연말에 〈조선일보〉에 대서특필되기도 하였다. 당시 〈조선일보〉에서는 부모의 극심한 공부 강요로 아이들 내면에 분노, 원망과 같은 부정적인 감정이 쌓여가고 있는 현실을 적나라하게 보여 주었다. 일부 아이들 중에는 자신의 부모를 '악마'나 '마녀'로 부르는 아이도 있었다.

전문가들은 부모 때문에 우울증을 앓거나 분노 조절 장애를 겪는 아이들의 연령대가 점점 더 낮아지고 있다며 위험을 경고하기도 했다. 중·고등학생뿐만 아니라 공부 스트레스를 호소하는 초등학생들이 점점 늘고 있는 것이다. 아이들에게 쌓인 스트레스는 고스란히 부모에 대한 원망과 분노로 이어지고 있으며, 나날이 높아져 가는 청소년 자살률에 기여하고 있다.

최근 사교육 폐해에 대한 인식이 늘어나면서 일각에선 사교육에 반대하는 움직임이 활발히 벌어지고 있다. 그러나 안타깝게도 이런 현실과는 달리 한국방정환재단에서 2011년부터 2014년까지 사교육 실태를 조사한 바에 따르면, 2011년 68.6%였던 사교육 참여율이 2014년에는 72.3%로 늘었다. 이는 사교육에 대한 부정적인 인식이 확산되고 있는 것과는 달리 사교육 참여율은 꾸준히 늘고 있음을 반증한다.

혹시 '교육 독친毒親'은 말을 들어 본 적이 있는가? 이 말은 지나친 학업 강요로 아이 성장에 오히려 독이 되는 교육을 하는 부모를 뜻한다. 당신은 어떤 부모인가? 아이를 살리는 교육을 시키고 있는가? 아니면 아이를 죽이는 교육을 강요하고 있는가? 생각해 봐야 할 시점이다.

그런데 이렇게만 말하면 부모는 억울하기 그지없다. 자신이 알고 있는 최선을 바탕으로 아이의 성공(생존)을 위해, 아이를 보다 잘 키우기 위해 부모 개인의 삶마저 포기해 가며 노력하는데, 대체 어느 부분이 잘못된 것인지, 아이를 위해 도대체 무엇을 해줘야 하는지 부모로서는 답답한 노릇이다.

　이런 부모를 위해 동양고전 속 지혜를 통해 진정한 부모의 역할이란 무엇인지, 부모가 마음속에 꼭 새겨야 할 교육 자세에 대해 살펴보고자 한다.

그 누구도
가르치지 않는 것

밥 무어헤드라는 사람이 있다. 그는 〈우리 시대의 역설The Paradox of Our Age〉이란 글에서 이렇게 말한다.

우리는 생존하는 방법은 배웠지만 어떻게 인생을 살아야 할지는 배우지 못했다. 우리는 더 오래 살게 되었지만, 그 늘어난 시간을 의미 있게 살지는 못하고 있다.

말 한 마디 한 마디가 폐부를 찌르듯, 심장을 관통한다. 어쩌면 우리는 생존하는 방법만을 배운 채 그런 삶이 전부가 되어 버린 듯하다. 우리가 느끼는 삶의 답답함은 바로 이로부터 비롯되는 것이 아닐까? 하루하루 살아가고 있긴 하지만, "정작 제대로 살고 있는가?"라고 물으면 선뜻 그렇다고 대답하지 못하는 까닭이 여기에 있는 것은 아닐까? 하지만 이런저런 책에서 말하는 좋은 삶에 대한 이야기, 가치 있는 삶의 방향에 대한 조언들도 선뜻 동의하기는 쉽지 않다. 나날이 더 어려워져 가는 현실 앞에서는 그저 사치스러운 이야기처럼 들리기 때문이다.

그래서 수많은 고전이나 명사들이 말하는 의미 있는 삶, 가치 있는 삶은 왠지 저만치 멀리 있는 듯이 느껴진다. '고전'이 좋은 책인 것은 맞지만, 나와는 상관없는 그런 책이라 생각되는 것이다. 오랫동안 '고전'에 관한 강의를 하며 살고 있는 나 또한 한동안 그런 생각을 품은 적이 있었다.

밥 무어헤드가 한 말은 나에게 이렇게 묻는 듯하다. '당신이 지금까지 읽고, 이해하고, 강의를 통해 전해 온 그 수많은 말들은 당신에게 어떤 것인가? 정말 당신이 말하는 바대로 의미 있는 삶에 관한 이야기인가 아니면 당신의 생존을 위한 수단인가?' 하고 말이다. 이 물음을 또다시 바꾸어 놓고 보면, 그의 말은 더 무서운 채찍처럼 다가온다.

'옛 선인의 삶이 녹아 있다고 하는 그 동양고전 속에서 당신은 어떻게 살아야 할지에 대한 답을 찾았는가?'

그런데 이 말을 곰곰이 살펴보면 고전 연구와 강의를 업으로 삼고 있는 나에게만 해당하는 것도 아닌 듯하다. 아이를 키우고 있는 모든 부모에게도 똑같이 물을 수 있기 때문이다. 혹시 우리는 우리의 자녀에게 좋은 대학, 일류 기업처럼 먹고사는 데 필요한 능력만을 강조하면서 정작 어떻게 사는 게 좋은지, 어떤 삶이 정말 행복한 삶인지를 가르치는 데는 소홀히 하고 있는 것은 아닐까 하고 말이다.

물론 아이에게 경제적·안정적인 삶을 보장해 줄 능력을 키워 주는 것 또한 대단히 중요하다. 점점 극심해지는 경쟁 사회에서 공부는 부모가 쌓아 줄 수 있는 최선이자 기본 능력임에 분명하다. 하지만 이런 마음 한편에는 '아이에게 진짜 필요한 교육은 무엇일까? 공부만이 전부일까?' 하는 의문이 자리 잡는다.

꼭 동양고전에만 해당되는 것은 아니지만 여전히 많은 사람이 고전에 기웃거리는 까닭은, 고전이 '그 누구도 가르치지 않는' 무언가에 대해 말하는 거의 유일한 것이 되었기 때문일 것이다. 그리고 이는 아이에게 과연 어떻게 살아야 한다고 가르쳐야 하는지, 이를 위해 참된 부모의 역할은 무엇인지에 대한 의문과도 연관된다.

하버드 대학에서 공부한 뒤 미용사가 되겠다는 아이

조선의 사상가 율곡 이이가 지은 글 가운데 이런 글이 있다.

선비가 세상에 태어나서 그 자신을 사사로이 하지 않고, 혹시 풍운風雲의 기회를 만난다면 마땅히 사직社稷의 신하가 되어야 하리. 융중隆中의 와룡臥龍이 비록 문달聞達을 구한 선비가 아니었으며, 위천渭川의 어부漁父가 어찌 세상을 잊어버린 사람이었겠는가? 아! 인생은 바람 앞 등불처럼 짧은 백년이고, 신체는 넓은 바다의 한 좁쌀이라네.

선비로 태어나 자신의 사적인 욕망에 따라 사는 것이 아니라 열심히 노력하고 갈고닦아 임금을 보좌하는 신하가 되어 널리 세상을 태평하게 만들고 싶다는 포부를 드러낸 글이다. 인생살이가 백 년처럼 길게 보이는 듯해도 바람 앞의 등불처럼 짧고, 우리 개인의 몸뚱이는 너른 바닷가에 던져진 좁쌀처럼 작은 모래 알갱이에 불과하다는 웅대한 세계 이해가 담겨 있다. 하지만 정말 놀라운 것은 이 글이 지어진 시기다. 율곡 이이가 열 살이 되던 해에 지은 글이기 때문이다.

율곡 이이가 열 살이 되던 해인 1545년은 조선의 13대 임금 명종이 겨우 열두 살의 나이로 왕위에 오른 해다. 이 어린 왕보다도 두 살이나 어렸지만 새로운 임금이 등극하여 새 세상이 열리자, 순간처럼 짧은 인생을 의미 있게 살고 싶다고 커다란 포부를 밝힌 것이다.

처음 이 글귀를 읽었을 때 나는 스물이 넘은 청년의 글일 것이라 생각하였다. 하지만 소개된 사항을 살핀 끝에 고작 열 살짜리 꼬마가 지은 글이라는 것을 알게 되자, 정신의 성숙이 꼭 신체적 성숙과 일치하는 것은 아니라는 생각을 하게 되었다.

세상은 과거에 비해 풍요롭고 편리해졌다. 이는 곧 아이들의 신체적 성장을 향상시켰고, 평균 지적 수준을 높였다. 그러나 요즘 아이들은, 심지어 어른이 된 대학생들마저 자신이 누구인지, 무엇을 해야 하는지 고민한다. 물론 천재였던 이이에 비한다는 것 자체가 어불성설이지만, 상상할 수 없을 만큼 발달한 오늘날 우리 아이들이 과거에 비해 더 뛰어난 점은 무엇일까? 딱히 떠오르는 것이 없다는 사실은 우리의 교육 환경이 잘못되었음을 의미하는 것은 아닐까?

물론 내가 누구인지에 대한 의문은 본질적이면서도 깊은 철학적 물음이라 할 수 있다. 영원히 답을 찾지 못할 수도 있다. 문제는 이런 의문이 어른이 되어서야 비로소 본격적으로 들기 시작한다는 것이다. 만약 학교 혹은 부모가 시키는 것만 잘하면 된다는 교육으로 인해, 성공이란 이름의 생존을 위한 교육으로 인해 이에 대한 의문조차 가질 수 없었던 것이라면, 매우 심각한 상황이라 할 수 있다. 왜냐하면 그것은 우리가 아이들에게 생존 수단을 가르치기 위해 실제의 삶을 박탈하고 있음을 의미하기 때문이다. 삶 자체를 박탈하면서 잘살 수 있는 방법을 가르치는 것은 모순일뿐더러 가르치지 않은 것보다 못하다.

얼마 전 초등학생 하나가 자신의 꿈을 밝힌 이야기가 SNS와 언론을 타고 상당한 센세이션을 일으켰다. 그 초등학생의 이야기가 화제가 된 까닭은, 지금까지 이야기한 우리의 아픈 현실을 적나라하게 보여 주기 때문이다. 그 초등학생은 자신의 꿈을 이렇게 표현했다.

나는요, 국제중을 나와서 민족사관고를 졸업한 후 하버드 대학교에 진학해 유학을 마친 후에, 내가 진짜 하고 싶은, 내가 정말로 원하는 미용사가 되겠어요!

가슴 아프고 끔찍한 현실이 아닐 수 없다. 만약 이러한 현실에 무언가 문제가 있다고 생각한다면, 우리는 부모로서 스스로를 새로이 성찰해 보아야 한다. 주관적인 자기 시선이 아닌 객관적인 타인의 시선으로, 그리고 우리에게 익숙한 삶의 방식이 아닌 전혀 다른 삶의 방식으로 말이다.

우리에게 동양고전이 소중하고 의미 있는 까닭은 바로 여기에 있다. 이미 서양화에 물들어 많은 것이 변한 지금, 우리가 친숙한 것이라고 착각하고 있지만 사실은 그렇지 않은 동양고전 속의 삶과 생각을 다시 읽는 것, 이를 친숙한 것이 아니라 낯선 것으로 읽는 것, 그리하여 이를 우리의 삶과 견주어 보는 것, 바로 거기에서 동양고전을 통해 부모는 배울 수 있게 될 것이다.

아이는 이미
배우고 있다

혹시 아이를 키우며 어린 자녀에게 놀래 본 적 있는가? 어느 날 문득 아이가 자신보다 더 어른스럽다고 느껴진 적은 없었는가? 아마 한두 번쯤 그런 경험을 해보았을 것이다. 오래전 어린이의 심리 발달서(『요람 속의 과학자-아기들은 어떻게 생각하는가?』)를 읽는 도중 발견한 인상적인 이야기 역시 바로 이에 관한 것이었다. 어쩌면 책 속의 그녀 직업이 나와 같은 연구자이기 때문에 더욱 공감이 되었을지도 모른다.

그 이야기는 바로 이러했다. 그 책의 저자들 가운데 한 사람인 앨리슨이라는 여자의 경험으로 추정된다.

어느 날 그녀는 비운의 하루를 보내고 있었다. 오랫동안 공들여 쓴 논문을 학회지에 투고했다가 게재 거부 통보를 받았다. 또 그녀의 강의를 듣는 학생에게는 성적에 대해 거센 항의를 받았다. 지친 그녀가 집으로 돌아와 저녁식사를 준비하려고 보니, 아침에 꺼내 놓았어야 할 요리 재료가 냉동실 속에 꽁꽁 언 채로 들어 있었다. 도무지 되는 일 하나 없는 하루였다.

단 하루 사이에 그녀는 학자로서의 인생, 교육자로서의 삶 그리고 자녀를 키우는 부모로서의 자격, 이 모든 것에 대해 깊은 회의와 자책을 느꼈다. 급기야 모든 것이 암울하고 답답해진 그녀는 소파에 주저앉아 펑펑 울음을 터뜨리고 말았다.

그런데 이게 웬일인가? 그녀가 울자 두 살도 채 안 된 그녀의 아들이 다가왔다. 그러고는 엄마를 살피며 잠시 생각에 잠기더니 이내 화장실로 달려갔다. 돌아온 아이의 손에는 응급 약품 상자가 들려 있었다. 아이는 상자에서 반창고를 꺼내더니 그녀의 몸 여기저기에 붙였다.

아이의 행동은 의료적 처방으로 보면 분명 오진이었다. 하지만 그 치료 효과는 무엇보다 확실했다. 앨리슨이 울음을 멈추었기 때문이다. 그 뒷이야기는 책에 나오지 않았지만 추측컨대 앨리슨은 울음을 멈추고 아이를 끌어안지 않았을까?

이렇듯 앨리슨은 겨우 두 살배기 아이로부터 구원을 받았다. 이는 일부 부모의 이야기가 아니다. 지치고 피곤한 날, 밖에서 있었던 서글픈 일들을 애써 떨치며 억지로 웃음 짓고 있던 순간, 아이가 다가와 포근하게 당신의 품에 안겨 오는 경험을 해보았다면 앨리슨과 크게 다르지 않은 구원을 느꼈을 것이다.

그런데 도대체 이 두 살짜리 구원의 천사 괴물은 어디에서 튀어나온 것일까? 혹시 심리학을 전공한 그녀의 피를 물려받은 것일까?

이 책의 저자들은 앨리슨의 이야기를 들려준 후에 이런 말을 덧붙였다.

두 살이 되면 아이들은 처음으로 다른 사람에 대한 진정한 공감을 보여 주기 시작한다. 물론 그보다 더 어린 아기들도 다른 사람의 고통에 반응해 평정을 잃곤 한다. 부부 싸움이 시작될 때 아기가 갑자기 울음을 터뜨리는 모습은 누구나 한 번쯤 경험한 적이 있을 것이다. 그러나 위로를 해주는 것은 두 살이 넘어서다. 두 살이 넘은 아이들은 단지 당신의 고통에 공감할 뿐 아니라 그 고통을 진정시키려고 애쓴다. 두 살짜리 괴물은 동시에 두 살짜리 구원의 천사이기도 하다.

실상 앨리슨의 아들은 우리 모두의 자녀와 다르지 않다. 아이들은 모두 놀라운 존재다. 아이들은 우리가 키우기 전에 스스로 자란다. 어쩌면 우리는 아주 어린 그 시절에 다 자라 버려 더 이상 성장하지 않는 존재인지도 모른다.

러시아의 대문호 톨스토이는 이렇게 말했다. "나는 다섯 살 때나 지금이나 마찬가지다." 우리는 정말 다섯 살짜리 아이보다 훨씬 더 어른인 것이 맞는 것일까? 시인 윌리엄 워즈워스는 한술 더 떠서 이렇게 말한다. "어린이는 어른의 아버지다."

아이들은 우리가 키우는 것이 아니라 스스로 자란다. 우리 부모들은 '생존하는 법'을 가르치기 위해 값비싼 대가를 지불하며 교육에 열을

아이들은 우리가 키우는 것이 아니라 스스로 자란다.

우리 부모들은 '생존하는 법'을 가르치기 위해

값비싼 대가를 지불하며 교육에 열을 올리고

아이를 위해 지름길(?)로 인도하려 하지만,

정작 아이들은 스스로 깨우치며 성장한다.

올리고 아이를 위해 지름길(?)로 인도하려 하지만, 정작 아이들은 스스로 깨우치며 성장한다.

자녀양육에서
환경이 중요하다는 말의 진짜 의미

펑펑 울고 있는 앨리슨의 온몸에 덕지덕지 반창고를 붙여 준 아이의 행동은 어디에서 비롯된 것일까? 유학자들은 그런 행동의 원천을 '본성'이라고 부르며 가르치기 이전에 이미 타고나는 것이라고 생각했다. 아마도 이 본성에 대해 가장 많은 이야기를 들려준 유학자는 맹자일 것이다. 베후니악이란 서양학자는 그가 방문한 맹자의 사당을 통해 본성을 쉽게 풀어 소개한다.

높은 담장으로 둘러쳐진 맹자의 사당은 마치 전혀 다른 세상 같다. 사당 한 가운데에는 높은 목조 건물이 있고, 그 주변에는 담장을 따라 다양한 수목과 화초들이 즐비하게 자라나 있다. 그런데 자세히 살펴보면 묘한 차이점이 눈에 띈다. 같은 종류의 수목인데 어느 것은 키도 크고 가지도 많으며 잎도 무성한 반면 어느 것은 키도 작고 잎도 적으며 활력도 없어 보인다. 같은 종류의 나무인데 왜 그런 것일까? 나무의 환경을 살피면 그 이유를 충분히 짐작할 수 있다. 같은 수목이지만 하나는 햇볕이 잘 드는 사당 한가운데 심어져 있고, 다른 하나는 높다란 담장 옆에 더군다나 햇볕이 잘 들지 않는 곳에 심어져 있기 때문이다.

베후니악은 맹자가 말하는 본성의 의미를 이렇게 설명한다. 하나는 잘 자라고 다른 하나는 잘 자라지 못한 것은 본성의 탓이 아니라 환경의 탓이라고 말이다. 맹자를 비롯하여 유학자들은 인간의 본성이란 뉴턴의 물리 법칙처럼 고정된 것이 아니라고 말한다. 공자는 누구나 인간으로서 타고나는 본성은 같거나 비슷하지만 자라난 환경에 따라 서로 차이를 보인다고 했다. 맹자의 생각 또한 이와 다를 바 없다. 사람의 본성이라는 것은 타고나며 그것은 대체로 유사하다. 하지만 어떤 조건, 어떤 환경에서 성장하느냐에 따라 그 결과는 사뭇 다르다.

부모가 된다는 것은 장인maker이 되는 것과는 거리가 멀다. 부모 노릇을 비유하자면 일종의 정원사gardener와 같다. 정원사는 각 수종에 맞는 가장 좋은 입지에 나무를 심고 가꾼다. 비가 오지 않으면 물을 뿌려 주고, 거름을 주고, 이파리에 쌓인 먼지를 닦아 주어 햇볕을 한껏 받을 수 있도록 도와준다. 하지만 정원사의 역할은 거기까지다. 자라고 성장하고 열매를 맺는 것은 나무 스스로 하는 일이다.

그렇다면 도대체 유학자들이 말하는 양육이란 무엇일까? 만약 나무는 스스로 자라나는 것이고, 정원사의 역할은 아주 제한된 도움의 손길에 불과하다면, 부모가 해줄 수 있는 의미 있는 양육이란 무엇일까? 맹자와 쌍벽을 이루는 유학자 순자는 그의 책 맨 앞에서 양육의 진정한 의미를 친절하게 설명해 준다.

남쪽에 어떤 새가 사는데 그 이름을 몽구라 한다. 이 몽구는 깃털로 둥지를 만들고 머리털로 그것을 얽어서 갈대 잎에 매단다. 그러다 거센 바람이 불어 갈대 잎이 꺾이면 매달았던 둥지가 떨어져 알은 깨지고 새끼는 죽어 버린다. 이는 새 둥지가 튼튼하지 못해서가 아니라 엉성한 곳에 둥지를 틀었기 때문이다. 이와 달리 서쪽에 야간이라는 풀이 있다. 줄기의 길이는 네 치(약 12센티미터)에 지나지 않지만 백 길이나 되는 절벽을 끼고 있는 높은 산 위에서 자란다. 그 덕분에 곧게 뻗은 줄기가 긴 것도 아닌데 멀리서도 보인다.

순자의 이야기는 환경의 중요성을 강조한 것처럼 보인다. 그도 그럴 것이 몽구는 어리석게도 둥지를 약한 갈대에 틀어 새끼를 죽게 한 반면에, 야간은 높은 곳에서 자라 본디 크게 자라는 풀도 아닌데 멀리서도 그 모습이 보인다. 즉 서식처에 따라 그 결과가 크게 달라진다는 것을 보여 주고 있다.

아마도 부모들에게 이 얘기를 하면 자녀양육에서 환경이 중요하다는 생각을 할 것이다. 물론 그 해석이 틀린 것은 아니다. 하지만 반쪽짜리 정답에 지나지 않는다. 왜냐하면 사람의 본성, 즉 내 아이의 특성에 대한 정확한 이해를 바탕으로 환경을 생각해야 하기 때문이다. 사람은 누구에게나 일정한 본성이 있다는 것은 모두가 아는 사실이다. 그런데 마치 그 본성을 콩을 심으면 콩이 나고, 팥을 심으면 팥이 자라나는 이

치처럼 이해해서는 안 된다.

좋은 정원사는 자신이 가꾸는 정원의 나무와 풀 하나하나의 본성을 잘 알고 있다. 어떤 나무는 햇볕이 너무 강하면 오히려 좋지 않기에 담장 옆에 심고, 어떤 나무는 햇볕을 듬뿍 받을 수 있도록 마당 한가운데에 심는다. 이는 자라는 환경의 중요성을 의미함과 동시에 그 환경이란 각각의 풀과 나무의 본성에 맞아야 함을 의미한다. 이것을 본성과 환경 어느 것이 더 중요한가에 대한 문제로 이해해서는 안 된다.

아이들이 스스로 자라나는 것은 타고난 본성에서 비롯되는 것인 까닭에 부모가 원하는 대로 자라나게 할 수는 없는 노릇이다. 다만 우리가 자녀에게 할 수 있는 것 그것은 어떤 환경, 어떤 경험을 제공하느냐 하는 것일 뿐이다. 그것은 본성만큼이나 중요하다. 그러나 사람이 타고난 본성을 바꿀 수 있을 정도까지는 아니다.

맹자의 어머니가 맹자를 위해 세 번이나 이사를 했다는 유명한 고사故事는 유학자들이 지닌 양육관을 단적으로 보여 준다.

이야기에 따르면, 맹자는 처음에 공동묘지 근처에 살았다. 그런데 맹자가 장례식을 하며 곡하는 사람들을 보고 이를 따라 하자 맹자의 어머니는 시장 근처로 이사했다. 맹자는 이번에는 장사꾼 흉내를 내었다. 다시 서당 근처로 이사하자 맹자는 서당에 오가는 사람들을 따라 하였다. 이 일화 역시 단지 환경이 중요하다는 것만을 보여 주는 것이 아니다.

맹자의 어머니가 지닌 지혜는 그의 아들 맹자가 지닌 성격을 충분히

인지하고 있었던 데 있다. 맹자는 어려서부터 주변에서 일어나는 일들과 사람들에 대해 호기심이 많고 알고자 하는 성향이 강했다. 그래서 처음에는 장례식에서 곡하는 사람들을 따라 한 것이고, 그 다음에는 시장의 장사꾼을 따라 한 것이다. 이윽고 서당 근처로 이사하자 맹자는 그들을 따라 했다. 맹자의 어머니는 호기심 많고 실천적인 맹자의 성격을 고려해 최적의 환경을 제공해 준 것이었다. 마치 정원사가 각각의 나무와 풀에 가장 적합한 장소를 골라 심듯이 말이다.

지식으로 키우는 것이 아닌 진짜 교육이 필요하다

아이 교육에 달관할 수 있는 부모는 사실 거의 드물다. 부모 자신은 덜 먹고 덜 입으며 아이에게 책 한 권이라도 더 사주고 좋은 학원에 보내기 위해 노력한다. 아이는 그런 부모의 지도 아래 열심히 학원을 다니고 학교를 다니고 과외 수업을 받고 하루 종일 지식을 습득한다. 그런데 그런 교육이 아이에게 도움이 되고 있는지 생각해 볼 필요가 있다. 오늘날 열심히 지식을 습득한 아이들이 사회에 나가 적응하지 못하는 모습을 보이고 있기 때문이다. 이 아이들은 스스로 무언가 결정해야 하는 상황을 힘들어하며 작은 실패에도 쉽게 좌절한다.

교육이라고 하면 학교나 학원 등을 떠올리지만, 가장 중요한 교육이 이루어지는 곳은 바로 가정이다. 학교와 책이라는 교육 환경과 교육 수단에 길들여진 현대인들에게, 부모 스스로가 아이들의 살아 있는 교과서이자 학교라는 생각은 그렇게 현실감 있게 다가오지 않는다. 교육이라고 하면 학습 교육을 먼저 떠올리게 되기 때문이다. 문제는 머리를 키우는 교육에 열중한 나머지 진짜 교육이 이루어지지 못하고 있다는 점이다. 심한 경우 대학생이 된 자녀의 스케줄까지 부모가 관리하며, 공부에만 집중할 수 있도록 학원을 알아봐 주고 대리 출석을 해주는 일들도 벌어지고 있다. 극단적인 경우이긴 하지만, 이런 교육이 옳은 것일까?

정원사가 나무와 풀을 가꾸는 곳이 정원이라면, 아이에게 적당한 성장 환경과 진짜 교육의 기회를 주는 장소는 바로 가정이다. 이때 아이를 나무와 풀처럼 가꾸고 보살펴야 할 사람은 부모와 가족이다.

진화론에 입각하여 생물을 연구하는 현대의 과학자들은 사람의 본성은 환경과의 상호 작용을 통해 발현된다고 생각한다. 이와 유사하게 전통 사회의 유학자들은 정원 속에서 자라는 하나의 풀이 적절한 온도와 충분한 양분 그리고 수분이 주어질 때 튼실하게 자라나서 꽃을 피우고 열매를 맺는 것처럼, 인간 또한 좋은 가정 환경에서 자라날 때 그가 타고난 인간으로서의 성향이 제대로 꽃피고 열매를 맺을 수 있다고 생각했다. 즉 부모의 말 한 마디, 행동 하나하나가 아이들에게는 양분이고 수분이며 온도인 것이다. 다양한 분야의 학자들이 보여 주는 연구 결과는 부모와 형제 간의 소통과 성장 과정이 아이의 성격과 심리 그리고 행동에 커다란 흔적을 남긴다는 것을 증명해 준다.

옛사람들이 가정 환경을 중시했던 것은, 그 가문의 재산과 권력을 보고자 했던 것이라기보다는 얼마나 좋은 환경 속에서 자라났는가를 살피고자 했던 관심의 표현이다. 화목한 가정에서 성장한 사람이 화목한 가정을 이룰 가능성이 높은 것은 환경의 영향에 대한 단적인 예다. 부모와 서먹한 사람은 자식과도 서먹한 관계를 만들 가능성이 높다. 좋은 관계를 맺는 방법을 잘 모르기 때문이다. 예로부터 사람들은 그 부모를 보면 그 자식을 알고, 그 자식을 보면 부모를 안다고 했다. 그 말뜻은 피에 의한 유전을 의미하는 것이 아니라 그 환경 전체를 의미하는 것이다. 어릴 적부터 자신의 부모가 할아버지 할머니에게 늘 깍듯하고 공경하는 모습을 보고 자란 아이가 할아버지와 할머니에게 불손하게 대할 가능성은 적다. 한때의 어리광이나 반항으로 거칠게 행동할 수는 있어도, 할아버지 할머니를 공경해야 한다는 인식이 머릿속에 자리 잡고 있기 때문이다.

가정이 교육 환경이라는 말은 모든 것을 의미한다고 할 수 있다. 부모가 언제 자고 일어나는가, 어떻게 말하고 행동하는가, 다른 사람을 어떻게 대하고 일을 처리해 나가는가 등등 가족들 사이에서 일어나는 모든 사건과 일은 아이들에게 살아 있는 체험이자 그 자체로 교육이다. 교육이란 유치원이나 학교처럼 특정 장소에서만 이루어지는 것은 아니다. 특히 많은 심리학자가 어린 시절의 경험과 환경이 아이들의 성향에 얼마나 중요한 영향을 미치는지 수없이 역설해 왔다. 그리고 가정에서 이루어지는 교육이야말로 아이에게 필요한 진짜 교육이다. 달리 말

하면 가정家은 옛사람들이 말하는 불언지교不言之敎, 즉 말 없는 가르침
이 이루어지는 교육의 공간이다. 지식을 통한 교육은 누구나 언제든지
할 수 있다. 그러나 이 말 없는 교육은 오로지 가정에서만 이루어질 수
있고, 어떤 가르침을 주느냐는 부모하기에 달렸다.

최고도 꼴지도 되지 말라는 가훈보다
중요한 가르침

대학원에서 공부하던 시절, 나는 철학과는 거의 무관할 듯한 책을 중국 철학을 논하는 책에서 인용한 것을 보았다. 그 책의 이름은 『안씨 가훈顔氏家訓』이었다. 풀이하자면 '안씨 집안의 가훈'이란 뜻이다. 이 책에는 오늘날 우리가 보기에 황당하기 그지없는 내용이 나온다.

벼슬에 나아가 공직 생활을 할 때에는 최고의 자리까지 승진할 수 있다 해도 중간 이상의 품계는 넘지 않는 것이 좋다. 자기 앞에 50여 명 정도 내다볼 수 있고, 자기 뒤에 50여 명 정도 돌아볼 수 있다면 세상에 부끄러울 일도 없게 될 것이고, 위험한 일도 당하지 않고 살게 될 것이다. 이보다 높은 자리로 올라가게 되면, 마땅히 정중하게 거절하고 집에서 한가로이 살아가는 것이 좋다.

세상을 무한경쟁 시대라 말하며 스스로는 물론 자녀에게도 그 경쟁에서 이길 수 있는 군비 확보에만 골몰하는 우리들의 상식에서 볼 때, 안씨 집안의 가훈은 생소한 것을 넘어서서 우습기 짝이 없다. 책의 저자인 안지추는 자신의 후손들에게 최고가 되지도 말고 꼴찌가 되지도 말라고 조언한다. 또 너무 높이 오르려 하는 것도 너무 낮은 자리에만 머물려 하는 것도 좋지 않다고 가르친다. 오히려 중간 자리에 있을 때 부끄러울 일도 없고, 위험한 일도 당하지 않게 된다고 말한다. 왜 안지추는 그런 황당한 가훈을 남긴 것일까?

그 까닭은 그의 삶과 그가 산 시대를 살펴보면 자연스럽게 이해가 된다. 안지추는 산둥성 낭야에서 태어났다. 남조의 양나라 무제 시대에 태어나 뛰어난 학자로 이름을 날렸으나, 장군 후경이 반란을 일으켜 왕권을 찬탈할 때 체포되어 큰 고난을 겪는다. 하지만 무제의 일곱째 아들 소역이 후경을 물리치고 다시 황제가 되면서 관직에 복귀한다. 그러다가 또 서위의 공격으로 양나라가 멸망하면서 안지추는 장안으로 압송된다. 얼마 후 탈출에 성공한 안지추는 북조의 북제에서 벼슬살이를 했고, 다시 북제가 북주에 의해 멸망하자 다시 장안으로 가 북주를 이은 수나라 태자의 부름을 받아 벼슬을 하였다.

안지추는 이처럼 극도로 혼란한 세상을 살면서도 꿋꿋하게 자신과 가족의 안위를 지켜낸 것은 물론 수없이 망하고 새로이 들어서는 왕조에서 벼슬을 하였다. 그리고 그럴 수 있었던 비결로써 후손들에게 앞서지도 말고 뒤처지지도 말 것을 당부한 것이다. 그의 후손으로는 뛰어난 역사학자였던 안사고와 유명한 서예가 안진경이 있다. 말하자면 『안씨 가훈』은 난세를 이겨내며 터득한 삶의 지혜를 후손들에게 전한 것이고, 이는『안씨 가훈』이 그의 집안을 넘어 수많은 사람들에게 읽혀진 이유이기도 하다.

그런데 내가 안지추의 이력을 이렇게 장황하게 늘어놓은 까닭은 그의 처세훈만을 칭송하기 위함이 아니다. 앞서지도 말고 뒤처지지도 말라는 처세훈은 효과적이고 현실적인 지침일 수 있으나, 그보다도 그의 삶 자체가 그의 후손들에게 보다 더 직접적인 가르침이었을 것이라는 점이다.

안지추의 삶이 그의 후손들에게 일종의 교과서가 되었던 것처럼 우리 또한 우리 자녀들에게 훌륭한 교과서가 될 수 있다.

이를 또 달리 말하면, 우리가 고전을 통해 배울 수 있는 것은 그 글자들이 말하는 의미가 아니라 그 고전들에 녹아 있는 삶의 이야기라는 점이다. 부모가 살아가는 모습은 우리 아이들에게 하나의 교과서가 된다. 동양고전에 얽힌 이야기들은 이 점을 생생하게 보여 준다.

아이들이 『논어』를
싫어하는 이유

자, 이제 또 다른 이야기를 하기 전에 먼저 묻고 싶은 것이 있다. 혹시 "『논어』란 책을 읽어 본 적이 있는가?" 하는 것이다. 왜냐하면 요즘 동양고전에 대한 관심이 크게 높아지면서 다양한 강좌가 성황리에 열리고 있는데, 막상 만나서 이야기를 나누어 보면 동양고전을 읽어 본 사람은 그다지 많지 않기 때문이다. 물론 동양고전에 대한 관심이 높아지면서『논어』를 읽어 보고 싶다고 하는 사람들은 많아졌다. 하지만 관심이 있다면서 실제로 읽어 본 사람은 드물다.

공자가 그의 제자들과 나눈 대화를 엮은 책인『논어』는 동양고전 가운데서도 가장 유명하고 가장 많은 독자를 가진 책일 것이다. 비교적 짧은 대화들로 구성되어 있어 읽기 좋을 뿐 아니라 읽을 때마다 그 해석의 깊이가 달라지는 책이 바로『논어』다. 그렇지만 선뜻 읽을 용기를 내지 못한다. 그럼에도 우리는 아이들에게 중요하고 의미 있는 책이니 꼭 읽으라고 권한다. 집에서만이 아니라 학교에서도『논어』는 반드시 읽어야 할 고전 중 하나로 권장된다.

아이들과 함께 고전 읽기를 하고 있는 선생님에게 이런 이야기를 들은 적이 있다. 아이들과 『논어』를 읽을 때면 항상 학생들에게 항의를 받곤 한다는 것이다. 무슨 말이고 하니, 『논어』의 첫 구절은 이렇게 시작한다.

배우고 때에 맞춰 몸에 익히면 기쁘지 않겠는가?

바로 이 첫 구절에 아이들은 공감하지 못하고 불평을 늘어놓는다는 것이었다. 아이들은 어려서부터 일명 '음미체'라고 일컬어지는 예체능 교육부터 시작하여 체험 활동까지 모든 활동이 학습의 연장선이다. 이런 아이들에게 배움은 기쁨은커녕 거의 고문에 가까울 것이다. 그런데 배우고 익히니 참으로 기쁘다는 공자의 말에 공감이 되겠는가? 반감을 불러일으키는 것은 어찌 보면 당연한 일이다.

조금 과장된 말로 하자면 오늘날 아이들이 받는 교육은 오로지 '대학 입시'만을 위한 것으로, 진정한 교육이라 말할 수 없다. 이를 개선하고자 창의 교육이니 인성 교육이니 새로운 교육이 주창되고 있지만, 현실은 여전히 제자리걸음이다. 새로운 교육이 주장될 때마다 아이들에게는 받아야 할 교육이 하나 더 늘 뿐이다. 사정이 이러하다 보니 『논어』를 받아든 아이가 "배우고 때에 맞춰 몸에 익히면 기쁘지 않겠는가?"라는 구절을 보았을 때 할 말은 빤했을 것이다. 말도 안 되는 이야기라고,

공부는 하기 싫은 것, 어쩔 수 없이 하는 것, 고문이나 진배없는 고통일 뿐이라고 말이다.

하지만 이보다 주목해야 하는 사실은 정작 부모는 읽지 않으면서 아이에게 읽으라고 권한다는 사실이다. 부모조차 읽을 엄두를 내지 못하고 그 가치를 삶에 적용시켜 보려 하지 않는 책을 읽으라고 하는 것은, 삶과 공부가 전혀 다른 것이라는 생각을 아이에게 심어 줄 수 있다. 이런 상황에서 우리의 아이들이 학문을 통해 스스로 어떤 사람인지를 발견하고 성장하기를 바란다는 것은 어불성설이다.

또 다른 배움의 길

공 선생님이 이야기했다. "배우고 때에 맞춰 몸에 익히면 기쁘지 않겠는가? 친구가 먼 곳에서 나를 찾아 준다면 즐겁지 않겠는가? 주위 사람들이 나를 알아주지 않더라도 성내지 않는다면 군자답지 않겠는가?"

이 말은 공자가 만년晩年에 스스로의 삶을 돌이켜 보면서 정리한 회고담처럼 느껴진다. 그의 인생은 한마디로 배우며 기뻐하고 친구, 제자들과 벗하며 즐거움을 느끼는 것이 전부였다. 여기서의 배움learning이란 그에게 기쁨의 원천이다. 또한 친구나 제자와의 사귐은 그의 인생의 커다란 즐거움이었다. 그러나 세상의 유력자들에게 인정을 받지는 못

부모조차 읽을 엄두를 내지 못하고

그 가치를 삶에 적용시켜 보려 하지 않는 책을 읽으라고 하는 것은,

삶과 공부가 전혀 다른 것이라는 생각을

아이에게 심어 줄 수 있다.

이런 상황에서 우리의 아이들이 학문을 통해

스스로 어떤 사람인지를 발견하고

성장하기를 바란다는 것은 어불성설이다.

하였다는 점이 드러난다. "주위 사람들이 나를 알아주지 않더라도 성내지 않는다."는 말은 그런 사정을 잘 보여준다.

달리 말하자면 이 구절 속에는 그가 평생을 통하여 추구하였던 삶의 태도이자 배움의 과정 그리고 그 배움을 나누면서 즐거워했던 벗(제자)과의 삶이 잘 나타나 있다. 그는 사회적 인정이나 세속적 성공은 이루지 못했다. 하지만 이것은 그가 성취하지 못한 것이 아니라, 운명이나 다름없었다. 『논어』의 구절을 통해 공자가 몸소 보여 준 '배움'은 출세나 재산 증식의 길과는 거리가 멀다. 그 대신 그는 배움의 기쁨과 즐거움 그리고 만년에 후회 없는 삶의 여정을 보여 주면서 자신의 감정을 어떻게 추스르고 다잡아 나갔는지 보여 준다. 즉 『논어』를 통해 그의 '감정 공부'를 엿볼 수 있다. 이것은 공자가 보여 주는 또 다른 배움의 길이다.

감정 공부란 단순히 감정을 통제하는 능력이 아니다. 그것은 삶의 태도, 자세와 관련된다. 성취를 위해 노력하는 과정이 기쁨 그 자체가 되고 제자와 함께하는 삶이 곧 즐거움이 되는 삶의 태도, 여기서 더 나아가 유력자들의 인정을 받지 못해 성공하지는 못했을지라도 스스로의 삶을 긍정하고 세상을 욕하지 않는 삶의 태도를 유지하는 공부였던 것이다. 달리 말해 삶을 향유하는 방법에 대한 공부였던 것이다. 우리는 혹시 먹고사는 공부에만 골몰하다 보니, 이렇게 삶을 누리는 방법에 대한 공부를 모두 잃어버린 것은 아닐까?

교육의
최종 목표

유학에서 교육의 최종 도달점은 '중용中庸'이다. 그래서 옛 선비들은 유학을 공부할 때에도 『대학』에서 시작하여 『논어』와 『맹자』를 읽고 마지막으로 『중용』을 읽었다. 도대체 중용이 무엇이기에 그토록 중시한 것일까? 그에 대한 대답은 여러 가지지만, 그중 하나는 중용이란 마음心의 꽃을 피우는 것이기 때문이다.

이 말을 이해하기 위해 우리는 『중용』의 유명한 첫 구절을 생각해 봐야 한다.

하늘이 명한 것을 본성性이라 하고, 그 본성을 따르는 것을 도道라 하고, 그 도를 닦는 것을 교육敎이라 한다.

다소 어렵게 느껴지겠지만 그 의미는 이제까지의 이야기를 통해 쉽게 이해될 것이다. 먼저 하늘이 명했다는 것은 타고난 것이라는 뜻이며 그것을 본성이라고 했다. 이 말은 현대인의 관점에서도 쉽게 이해할 수 있다. 그러나 이해가 어려운 것은 그 다음의 두 문장이다.

먼저 본성을 따른다는 것은 무슨 말일까? 그리고 도를 닦는다니, 깊은 산중에 들어가 도를 닦으라는 말인가? 이 말들은 모두 '중용'을 설명하기 위한 배경이다. 따라서 중용의 의미를 이해하게 되면 앞의 말들은 자연스럽게 그 뜻이 밝혀진다.

우리는 『중용』의 바로 뒤에서 이런 문장을 볼 수 있다.

기쁨, 노여움, 슬픔, 즐거움이 아직 나타나지 않은 상태를 중中이라 하고, 이러한 감정들이 형성되어 드러났는데 주변의 상황에 적합하게 딱 맞아 절도를 벗어나지 않았을 때를 화和라고 한다.

이는 유학이 이상적으로 생각하는 최고의 상태를 뜻하는 말이다. 사람들 사이의 관계가 조화롭고 화목한 상태를 유지하는 것, 그것을 『중용』은 우리 개개인의 마음으로부터 설명하고 있다.

인간은 무엇보다 마음을 가진 존재다. 그리고 그 마음에는 타고난 본성이 깃들어 있는데, 그 본성은 기뻐할 줄 알고, 슬퍼할 줄 알고, 화낼 줄 아는 것이다. 예를 들어 맛있는 음식을 먹을 때 즐거워하고 쓴 약을 먹을 때 눈살을 찌푸리는 것은 인간의 본성이 드러나는 순간이다. 그것을 유학자들은 '정情'이라고 불렀다. 정은 우리가 일반적으로 감정이라 부르는 것을 가리키지만 의미가 조금 다르다. 맹자는 다음의 마음들이 사람을 사람답게 만든다고 하였다. 이것이 바로 측은해할 줄 아는 마음(측은지심 惻隱之心), 사양할 줄 아는 마음(사양지심 辭讓之心), 부끄러워할 줄 아는 마음(수오지심 羞惡之心), 옳고 그름을 가릴 줄 아는 마음(시비지심 是非之心)이다. 이 마음들은 정에 속한다. 맹자에 따르면 사람은 누구나 이러한 마음의 정을 느끼고 표현할 줄 아는데, 그것들은 상황에 따라 저절로 우러나오는 마음이라 하였다. 예를 들어 불쌍한 사람을 보면 저절로 측은한 마음이 생긴다. 이 마음을 따라 행동을 하는 것은 선한 행동이 되기 쉽다. 본성을 따르는 것을 도道라 한다는 말은 그런 의미다.

하지만 모든 사람이 정을 느끼는 것은 아니다. 삭막한 환경에서 자랐을 경우 감정이 때로 치우친 상태로 발달할 수도 있다. 즐겁고 기쁜 감정보다 분노와 슬픔의 감정을 많이 경험하였다면, 차갑고 냉정한 사람으로 자랄 수 있다. 남에게 도움을 받아 보지 못한 사람이 남을 잘 돕지 못하는 경우도 바로 이에 해당할 수 있다.

게다가 대체로 우리가 느끼는 정은 복잡한 상황에서 일어나는 경우가 많다. 만약 분노를 느꼈더라도 그 분노를 표현해야 하는 상황과 표현할 수 없는 상황을 잘 판단해야 한다. 상대방이 이유 없이 조롱하거나 괴롭힐 때 화를 내지 않으면 상대방은 계속 깔보며 놀려 댈 수 있다. 그때 화를 내는 것은 그런 상황을 변화시키는 방법이 된다. 또 타인이 행하는 불의를 보았을 때 분노의 감정을 느끼는 것은, 그 사람의 행동을 제지하고 사회에서 일어나는 불합리한 일을 방지하는 역할을 한다.

하지만 자신이 잘못했음에도 불구하고 화를 낸다면 그것은 다른 사람을 불쾌하게 만들고 상황을 악화시킬 뿐 아니라 심각한 경우 관계를 단절시킬 수 있다. 즉 인간의 정이란 서로 간의 관계와 상황에 적합한 방식으로 드러날 때 궁극적으로 화합을 이끌어 낼 수 있다는 말이다.

즉 도가 인간의 본성에 따르는 삶의 도리나 규범을 의미한다면, 교敎란 서로간의 화합이 가능한 가장 적절한 방식으로 감정을 느끼고 표현할 줄 아는 인간으로 성장하도록 만드는 프로그램이다. 물론 그 장치는 본성으로서 이미 갖추어져 있다.

유학자들이 말하는 교육과 양육이란 긍정적인 관계를 도모하는 힘과 감성을 지닌 사람으로 성장케 하는 것을 의미한다. 즉 마음을 키우는 것과 다름없다.

올바른 교육이란 일상의 건전함을 되찾는 것이다

유 선생님이 말했다. "사람 됨됨이가 부모에게 효도하고 형들에게 공손하면서 걸핏하면 윗사람에게 대드는 사람은 드물다. 윗사람에게 대드는 것을 좋아하지 않으면서 사회에 분란을 일으키는 사람은 아직 없었다. 군자는 기초를 다지는 데에 힘쓴다. 왜냐하면 기초가 제대로 서면 나아갈 길이 눈앞에 생기기 때문이다. 이렇게 보면 효도와 공손은 틀림없이 사람다움의 근본일 것이다."

이 말은 공자의 제자 중 하나인 유약의 말이다. 유약을 비롯한 유학

자들은 양육과 교육의 출발점을 일상의 삶에서 찾았다.

조선 후기를 대표하는 화가 김홍도가 남긴 유명한 작품 〈서당〉을 이와 관련해 생각해 보면 더욱 재미있다. 이 그림은 우리가 흔히 보아 오던 학교 풍경과는 다소 거리가 있다. 그중에서 눈에 띄는 점은 배우는 아이들의 연령대가 다양하다는 것이다. 아이들의 얼굴은 예닐곱에서 십대 후반까지 다양해 보이며 가장 오른쪽에 있는 삿갓을 쓴 학생은 20대를 훌쩍 넘어 보이기까지 한다. 사실 이러한 풍경은 20세기 중반까지 일반적인 모습이었다. 이들은 자신과 같은 또래가 아닌 다양한 나이의 친구들과 함께 지내며, 어린 시절부터 적절한 감정을 표현하고 행동하는 법을 체험을 통해 익혔다.

하지만 오늘날 아이들은 유치원 시절부터 거의 동갑내기와 함께 놀고 공부하고 생활한다. 이런 환경에서 자란 아이들에게 이 세상은 단 세 가지로 구분된다. 하나는 가족과의 관계이고, 다른 하나는 또래 친구와의 관계 그리고 다른 하나는 학교나 학원 등 선생님과의 관계다. 이 세 가지 관계 이외에는 간접적인 방식으로 모든 일상을 경험한다. 따라서 요즘 아이들은 다양한 삶의 상황을 겪는다고 보기 어려울 정도로 매우 편향되고 제한된 인간관계 안에서 성장하고 있다.

앞서 유약의 말로 돌아가 보자. 그가 효성스럽고 공손할 것을 모범으로 제안한 것 자체보다 그러한 교육이 강조되고 실천될 수 있었던 복잡하고 다양한 교육적 분위기를 눈여겨보아야 한다. 지금 우리의 아이들은 과거보다 풍요로운 환경 속에서 자라고 있다. 넘쳐나는 먹거리, 안락한 집, 다양한 놀거리 등 우리는 아이들에게 예전보다 훨씬 발달한 문명의 혜택을 제공하고 있다. 하지만 달리 생각하면 아이들이 들판에서 뛰놀 수 있는 환경, 자연과 소통하며 느낄 수 있는 감성, 편안하게 스스로의 몸을 느끼면서 자랄 수 있는 삶의 시간은 조금도 주지 못하고 있다. 삶이 이루어지는 일상에 대한 다양한 체험은 저버리고 있는 것이다. 어쩌면 진정한 교육이란, 올바른 교육이란 이런 일상의 건전함을 어떻게 회복할 것인가 하는 문제와 관련된 것인데도 말이다. 가정은 물론이고 사회와 공동체가 하나의 '맹자의 정원'이 되는 것, 그것이 유학자들이 꿈꾸었던 교육의 현장이고, 모든 부모와 선생님이 정원사의 역할을 충실히 하는 그런 세상이 유학자들이 꿈꾼 세계의 모습이었는지도 모를 일이다.

결국 우리 부모들이 어떤 세상을 만드느냐의 문제는 그 과정 자체로 우리 아이들에게는 하나의 살아 있는 교육이자 살아가야 할 현실을 마련해 주는 문제다. 그렇다면 우리 부모들이 할 수 있는 일, 반드시 해야 하는 일이 무엇인지는 분명해지지 않을까?

하버드 대학교를 졸업한 후에 미용사가 되겠다는 그 초등학생의 말에 안타까움을 느꼈다면 중요한 한 가지를 놓치고 있는 것이 아닌지 점검해 봐야 한다. 굳이 판사나 변호사와 같은 직업을 가지지 않아도

요즘 아이들은 매우 편향되고 제한된 관계와 경험 안에서 성장하고 있다.

어쩌면 진정한 교육이란, 올바른 교육이란

이러한 일상의 건전함을 어떻게 회복할 것인가 하는 문제와

관련된 것이 아닐까?

성공하고 성취감을 느낄 수 있고 일상의 삶이 안정되고 의미 있어진다면 미용사가 꿈인 아이를 억지로 명문대에 진학시키려고 하진 않지 않을까?

아이들은 스스로 자란다. 하지만 그 환경이 척박하다면 제대로 성장하지 못한다. 어쩌면 가장 좋은 양육이란 그리고 학부모와 선생님이 해야 할 진정한 일은 바로 세상을 바꾸는 일이지 않을까. 그것이 가장 좋은 양육이고, 가장 바람직한 일이다.

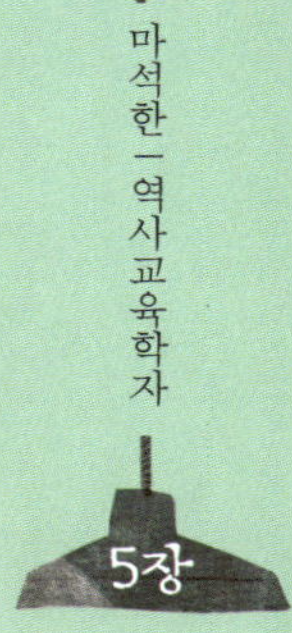

공부를 포기할 수 없는 부모를 위해

_선현의 교육에서 답을 찾다

교육은 사랑과 같다. 사랑이란 내가 원한다고 이루어지는 것이 아니다. 진정한 사랑은 상대가 받아들여야 비로소 시작된다. 교육 또한 마찬가지로 배우는 사람이 마음의 문을 열어야 가능해진다. 그런데 오늘날 우리의 교육 현실은 어떠한가. 오직 진학과 취직을 위한 '수단으로서의 공부'가 전부인 상황에서, 아이들이 자신의 뜻과 상관없이 점수 경쟁의 소용돌이에 빨려 들어가고 있다. 아이들은 '원하는 대로'가 아니라 '시키는 대로' 끌려 다니며 지식 시장을 배회하고 있다.

공 선생님이 이야기했다. "옛날 사람들은 자신의 내면을 채우려고 공부를 했는데, 요즘 사람들은 남이 알아주기 위한 공부만 한다."

공자는 스스로를 위한 공부가 아니라, 남에게 보여 주고 인정받기 위해 공부하는 세태를 질타하였다. 진정한 배움의 길을 벗어나 오직 시험 성적에만 전전긍긍하는 오늘날 우리의 모습과 겹쳐진다. 입시와 취직 시험 준비가 공부의 전부인양 착각하여 수험 준비에 필요한 것만이 배울 가치가 있다고 생각하는 현실을 마주하면서 공자의 따끔한 지적을 되새겨 본다.

프랑스 철학자 가스통 바슐라르는 "어린아이는 완전자, 즉 신神과 같다."고 하였다. 콤플렉스가 없고 선입견도 없으며 세상에 물든 흔적 또한 없어 때가 묻지 않은 존재라는 것이다. 그런 아이들이 지식 경쟁 시장에 내몰려 굳어 버린 지식을 앵무새처럼 되뇌는 '어린 로봇'이 되어 가고 있다.

배움의 목적은 아이들을 회사의 일꾼으로 만드는 것이 아니다. 진정한 배움이란 우리 아이들이 행복하고 올바른 삶을 준비하는 활동이다. 사람은 저마다 자기 결이 있어, 그 결대로 살아갈 때 가장 아름답고 행복하다. 오늘날은 행복과 개성을 중시한다. 하지만 배움에서만은 시대를 역행하여 붕어빵을 찍어내듯 모든 아이에게 똑같은 공부를 강요한다. 유행에 습관적으로 복종하는 공부가 진정 우리 아이들이 걸어야 할 올바른 배움의 길이며, 행복한 삶을 향한 디딤돌이 될 수 있을까?

이러한 질문에 대해 옛 전통교육에서 지혜를 찾아보았다. 사람됨을 교육의 기본으로 삼았던 우리의 옛 교육 방식과 선현의 학문 자세에서 오늘날 우리가 겪고 있는 배움의 혼란스러움을 풀어갈 수 있는 실마리를 찾아보고자 하였다. 우리 것만이 아니라 때로는 동양과 서양의 옛 경험들도 함께 살펴보면서 오늘날에도 의미 있다고 생각되는 것들을 중심으로 소개해 본다.

이 글을 단순히 읽는 것으로만 끝내지 말고, 전통적 가르침이 오늘날 우리에게 어떤 시사점을 주는지 함께 살펴보고 그 실현 가능성을 고민해 보는 기회가 되었으면 한다. 특히 무엇을 새롭게 '해야 하는지'에만 관심을 두지 말고, 지금 행하고 있는 것 가운데 '하지 말아야 할 것'이 있는지도 냉철하게 살펴보았으면 한다. "새로운 일을 하나 벌이는 것은 지금 하고 있는 수고를 하나 덜어내는 것만 못하다.”는 옛말이 마음 깊이 다가오는 요즘이다.

나 덜어내는 것만 못하다.”는 옛말이 마음 깊이 다가오는 요즘이다.

그릇부터 정하고
물을 담는다

옛 사람들은 '말에 혼이 있다'고 믿었다. 좋은 말을 되풀이해 영혼을 울리면 말의 혼령이 그 원하는 바를 이루게 해준다는 것이다. '언령言靈'이 바로 그런 뜻이다. "말에도 씨가 있다."라는 속담도 같은 의미다. 말에도 씨가 있어 우리가 뱉은 대로 수확하게 되니 말을 가려서 하라는 가르침이다.

그리스 신화에도 이와 유사한 이야기가 있다. 비너스의 고향인 키프로스를 다스리는 왕에 관한 전설이다. 피그말리온이란 이름을 가진 이 왕은 자기의 이상에 맞는 여인을 찾지 못해 결혼을 하지 않고 독신으로 살았다. 대신 그는 자신이 바라는 여인의 모습을 조각하기로 결심하고 상아를 깎아 조각상을 완성했다. 완성된 조각상은 실제 살아 있는 여인으로 착각될 정도로 아름다웠다. 이 조각상에 푹 빠진 왕은 그녀에게 '갈라테이아'라는 이름을 지어 주고 꽃을 바치는 등 온갖 정성을 다했다. 그러나 조각상에 불과했던 갈라테이아는 당연히 그의 마음을 받아 줄 수 없었다. 그러자 왕은 신들에게 조각상을 사람이 되게 해달라고 간절히 기도했다. 그의 애절함과 정성에 감복한 아프로디테는 마침내 조각상에 생명을 불어넣어 사람이 되게 해주었다. 그리하여 둘은 행복한 삶을 이어 가게 되었다는 줄거리다.

피그말리온 효과pygmalion effect라는 말은 바로 이 이야기에서 유래했다. 어떤 목표를 간절히 기원하면 결국 이루어진다는 뜻이다. 우리의 언령과 흡사하다.

이 피그말리온 효과를 교육학에서는 자기충족적 예언self-fulfilling prophecy이라고도 부른다. 자기충족적 예언이란 '주위 사람들의 기대가 특정인에게 영향을 주어 결국 그 사람이 기대한 대로 행동하도록 만든다'라는 이론이다. 굳게 믿고 행동함으로써 원하는 방향으로 만드는 신기한 능력이 우리 마음속에 있다는 것이다.

언령이든 피그말리온 효과든 이루고 싶은 것이 있다면, 무엇보다 우선 전제되어야 할 것이 있다. 바로 이루어지기를 간절하게 바라는 '목표'다. 원하는 목표가 있어야 간절함이 생기고, 간절함이 있어야 열정이 생긴다. 따라서 언령은 먼저 도달하고자 하는 목표를 정하는 것에서 시작된다.

가르치고 배우는 것도 다를 것이 없다. 배움 자체가 위함의 대상, 즉 목적이 아니다. 배움을 통해 무엇을 하겠다는 비전 없이 일단 지식만 쌓고 보겠다는 것은 '배움의 낭비'일 뿐이다. 후일 유용하게 사용하기 위해 우리가 저축을 하듯이, 공부도 참된 삶을 이루기 위한 도구이지 공부 자체가 목적이 될 수는 없다. 따라서 공부를 시작하는 데 있어 중요한 것은 속도나 양이 아니라 공부의 방향성, 즉 목표를 명확히 하는 것이다.

이처럼 배움의 길을 나서기 전에 먼저 목표부터 정하는 것을 옛날에는 '입지立志'라 하였다. 어떤 일을 시작하기 전에 뜻을 분명히 세운다는 뜻이다.

입지를 강조한 대표적 인물이 퇴계 이황이다. 그는 "반드시 먼저 뜻을 세우는 것으로 근본을 삼아야 하니 뜻이 서지 아니하면 능히 일을 할 수 없다."라고 역설했다. 뜻을 세우지 않으면 갈 곳을 정하지 않고 무작정 바다로 나선 배와 같다.

자녀양육은 막연하게 해서는 안 된다. 무작정 책상에 앉아 책을 보는 것이 공부가 아니다. 왜 공부를 하는지 그 목표를 명확히 해야 한다. 자녀양육을 위해 목표를 정한다는 것은 교육의 방향을 결정하는 것이며, 그 방향 설정은 곧 아이 미래에 대한 비전을 제시하는 것이다. 이와 동시에 배움의 길을 인도하는 청사진을 찍는 것이다. 즉 목표가 없으면 무엇을 어떻게 해야 할지 방향을 잡을 수 없어 우왕좌왕하다 결국 제자리걸음을 하기 쉽다.

'목표를 정하는 것'은 무엇이 중요하고 무엇이 그렇지 않은지를 구분하는 기준 역할을 한다. 본래 '가르치다'라는 말은 '가르다'와 '치다'가 합해진 말이다. '가르다'는 '따로 나누어 서로 구분을 짓다'는 뜻으로, 교육적으로 바람직한 것과 그렇지 않은 것을 판별하는 것을 말한다.

‘치다’는 ‘나뭇가지를 치다’ ‘머리숱을 치다’의 경우에서처럼 불필요한 것, 중요치 않은 것을 베거나 잘라 내는 것을 뜻한다. 결국 ‘가르치다’라는 말뜻은 교육적으로 옳고 좋은 것을 구분하여, 그렇지 못한 것은 잘라 버리는 것을 말한다.

이때 옳고 좋은 것을 구분하는 그 기준이 바로 정해진 목표다. 무엇이 옳고 좋으냐는 대상 그 자체에 있는 것이 아니다. 선택한 목표에 얼마나 부합하느냐에 따라 옳고 그름, 좋고 나쁨이 결정된다. “강을 건넜으면 배는 버리라.”고 하였다. 강을 건널 때 큰 도움을 주었을지라도 강을 다 건넌 뒤 산을 오르려 할 때에는 오히려 짐이 된다. 이때 배는 버려야 마땅하다. 아무리 귀중한 배라고 하더라도 산에 오를 때는 무용지물이기 때문이다. 배가 좋지 않아서가 아니라 목표에 적합하지 않기 때문에 버리는 것이다. 이처럼 어떤 목표를 결정하면 그 목표가 교육적 가치를 결정하는 기준 역할을 한다.

목표를 정해야 하는 또 다른 이유는 바로 집중을 위해서다. 확실한 방향이 없다면 의욕이 생기기 어렵고, 의욕이 없으면 가르침과 배움에 집중할 수 없게 된다. 『대학』에서 “마음에 없으면 보아도 보이지 않고, 들어도 들리지 않으며, 먹어도 그 맛을 모른다.”고 하지 않았던가.

자녀양육은 흔히 나무를 가꾸는 것에 비유된다. 나무처럼 아이도 어릴 때부터 올바로 이끌어 줘야 곧게 자란다. 그렇다고 ‘좋은 것’을 많이 가르쳐 주는 것이 바람직한 것만도 아니다. 그보다는 적더라도 ‘바른 것’을 경험시키는 것이 더 중요하다. 양육은 양으로 만족하는 대식가가

자녀양육은 막연하게 해서는 안 된다.

자녀양육을 위해 목표를 정한다는 것은

교육의 방향을 결정하는 것이며,

그 방향 설정은 곧 아이 미래에 대한 비전을 제시하는 것이다.

아니라 질을 중시하는 미식가와 같다. 따라서 아이에게 많은 책을 읽게 하는 것 또한 그다지 바람직하지 않다. 나무를 키울 때는 뿌리에 물을 주어야 쑥쑥 자라나 꽃과 열매가 튼실해진다. 뿌리는 내버려 두고 가지에만 물을 주면(석근관지釋根灌枝, 근본을 잊고 지엽적인 일에 힘을 기울임) 나무가 제대로 자라겠는가. 풍성한 결실을 기대할 수 없다. 가르침과 배움의 목표가 바로 나무의 뿌리와 같다. 즉 배움의 뿌리인 목표가 없으면 그 공부는 오래 버티지 못하고 이내 무너지고 만다.

실학자 이덕무는 흥미 있는 공부를 위해 "적은 분량을 깊이 읽으라."고 강조하였다. 양이 아니라 자신 능력에 맞게 적당한 분량을 읽도록 권장한 것이다. 자신의 그릇에 맞는 공부를 해야 "하나하나 차곡차곡 쌓이는 것이 있어 공부가 재미있고, 책 읽기도 능률이 오른다."고 하였다. 능력에 맞게 야망을 갖고, 자신의 능력과 상황에 맞게 목표를 설정하고, 자신의 호흡과 걸음으로 공부의 양과 속도를 정해서, 자신만의 공부가 되어야 의욕도 생기고 능률도 높일 수 있다는 가르침이다.

참된 가르침과 배움의 방법

전통교육에서는 어떻게 사는 것이 바람직한 삶인지를 깨우쳐 주는 것이 참된 교육이라 하였다. 세속적인 출세와 부귀를 위해 남에게 보여 주는 공부(위인지학爲人之學)를 지양하고 바른 삶을 위해 자신을 돌아보는 공부(위기지학爲己之學)를 권장하였다. 그런데 안타깝게도 오늘날 교육은 그 본모습, 참모습을 잃어가고 있다.

가르침과 배움에 뜻을 세우고 이에 임할 때마다 옛사람들은 두 가지 방식을 많이 사용했다. 하나는 스승을 찾는 것이었다. 목표를 달성하는 데 본보기가 될 만한 인물을 정하여 그에게서 직접 가르침을 받았다. 직접적인 가르침이나 배움을 얻기 어려울 경우에는 특정 인물을 역할 모델로 삼아 그에 관한 서적이나 주변 사람들의 경험담을 토대로 그 인물의 학업 태도나 자세 및 방법 등을 따라 하며 배웠다.

또 하나는 가훈 또는 좌우명을 정하는 것이었다. 자손들에게 귀감이 되고 교훈이 될 만한 내용을 가훈에 담아 좌우명으로 삼도록 하였다. 그리하여 배우고 익힘에 있어 이를 늘 상기하는 한편 목표에 충실하여 공부를 잘하고 있는지 이에 비추어 반성해 볼 수 있도록 하였다.

이상에서 보았듯이 우리 전통교육에서는 가르침과 배움에 앞서 목표를 정하고, 이를 달성하기 위해 본보기가 될 만한 인물을 스승으로 삼거나 가훈으로 정해 자신의 배움을 항상 점검하길 권했다.

배움은 일순간 '획'하고 지나가는 일회성 이벤트가 아니다. 배움은 마음 깊이 차곡차곡 담아 가는 온축蘊蓄 과정이다. 공부는 '열려라 참깨' 와 같은 주문과 기도만으로 '짠'하고 이루어지는 것이 아니다. 시간이 쌓여 역사를 이루듯, 배움도 한 켜 한 켜 마음의 그릇에 쌓아가는 연속적인 과정이다.

공부의 이러한 온축 과정을 담아내는 그릇이 바로 목표다. 서말이나 되는 구슬을 엮어 주는 실처럼 배운 것을 흐트러트리지 않고 가지런하게 정리해 주는 것이 목표다. 공자는 "내가 많이 배워서 모든 것을 아는 것이 아니다. 배운 것을 하나로 꿰뚫고 있기 때문이다."라는 말을 하기도 하였다. 공자가 말한 일이관지(一以貫之, 하나로 꿰)는 결국 공부의 중심을 잡으라는 의미로 해석된다. 일이관지처럼 배움의 중심을 잡아 주는 지렛대 역할을 하는 것, 그것이 바로 목표다. 따라서 배움은 마땅히 목표를 세우는 일에서부터 시작되어야 한다.

흔히 아이에게 물고기를 잡아 주지 말고 물고기 잡는 법을 가르쳐야 한다고 당부한다. 그러나 그보다 먼저 부모와 아이 모두 '왜 물고기를 잡아야 하는지'를 아는 것이 우선이다. 배움을 시작하기에 앞서 그 목표를 분명하게 인식해야 한다는 것이다. 톨스토이는 "인간은 소중한 무엇인가를 믿기 때문에 살아간다."라고 했다. 가르침과 배움에 분명한 비전을 제시하고 그 방향을 향해 믿음을 갖고 매진하게 돕는 것, 그것이 바로 아이를 바람직한 배움으로 이끄는 출발이자 정도正道다.

부모는 아이에게
'잘' 보여야 한다

가정은 아이의 학교요, 부모는 그 학교의 선생님이다. 그리고 엄마는 아이의 첫 번째 담임선생님이다. 가정이라는 학교의 선생님은 말보다는 행동으로 가르쳐야 한다. 이를 잘 보여 주는 일화가 하나 있다. 공자의 제자인 증자와 그의 자식에 관한 이야기다.

증자의 아내가 장에 갈 준비를 하고 있는데, 아이들이 따라가겠다고 떼를 쓰며 울었다. 그러자 증자의 아내는 장에 얼른 갔다 와서 돼지를 잡아 고기 반찬을 해줄 테니 집에서 기다리라며 달랬다. 매일 책만 보고 지내는 증자의 집안 살림은 매우 궁색했다. 그날도 끼니를 제대로 못 이은 아이들은 돼지고기를 먹을 수 있다는 소리에 울음을 뚝 그쳤다.

저녁 무렵 장을 다 본 증자의 아내는 서둘러 집으로 향했다. 그런데 마을에 들어섰을 때 어딘가에서 돼지 우는 소리가 요란하게 들렸다. 문득 불안해진 그녀는 걸음을 재촉했다. 집에 도착하고 보니 증자가 돼지를 잡으려고 우리에서

끌어내고 있었다. 이를 본 아내가 급히 막아서자, 증자가 말했다.

"당신이 돼지를 잡아 준다고 아이들과 약속하지 않았소! 그래서 지금 내가 잡으려는 게 아니오!"

아내가 아이를 달래기 위해 그냥 한 말이라 하자 증자가 아내를 꾸짖으며 말했다.

"아이들은 부모에게서 배우는 것이요. 부모가 거짓말을 한다면 아이들이 무엇을 배우겠소. 당신이 아이들에게 정녕 거짓말을 가르치려 한다면 이 돼지를 다시 우리에 가두리다."

아내는 결국 아무 말도 하지 못하고 남편이 돼지를 끌어내는 모습을 물끄러미 바라만 보았다.

비록 무심코 뱉은 말에서 비롯된 일이지만, 신의를 지키려고 한 증자의 교육 태도를 엿볼 수 있는 이야기다. 이런 그의 가르침은 아이들에게 그대로 전해졌다.

어느 날 저녁, 막 잠자리에 들었던 아들이 갑자기 일어나 밖으로 나갈 채비를 했다. 증자가 아들에게 그 까닭을 묻자, 아들이 답했다.

"친구에게 빌려 온 책이 있는데 오늘 돌려주겠다고 약속을 했습니다. 밤이 늦었지만 갑자기 생각나서 서둘러 다녀오려고 합니다. 약속은 약속이니 돌려주고 오겠습니다."

아들의 말을 들은 증자는 입가에 미소를 머금으며 대문 앞까지 아들을 배웅해 주었다.

위의 일화에서 보듯, 부모의 말과 행동은 자녀의 품성에 직접적인 영향을 미친다.

그렇다면 부모가 할 일은 분명하다. 부모는 아이에게 '잘' 보여야 한다. 자녀에게 원하는 모습이 있거든 말이 아닌 몸으로 직접 보여 줘야 한다. 그러면 아이는 자연스럽게 이를 따라 할 것이다. 문제에 처했을 때 아이만 변화시키려고 해서는 안 된다. 부모가 문제를 어떻게 해결하는지 보여 주는 것이 필요하다. 이 모습을 보고 접한 아이는 유사한 상황에서 자기가 어떻게 해야 하는지 깨우친다. 어려서부터 이런 가르침을 받은 아이는 더 큰 문제가 닥친다고 해도 헤쳐 나갈 수 있는 능력을 갖추게 된다. 특히 엄마는 아이에게 가장 큰 영향력을 미치는 사람이다. 독립운동가 백암 박은식은 "언어 학습과 행동, 성장이 어머니의 가르침에서 본을 삼지 않은 것이 없으니 어머니의 가르침이 아이들에게 최초의 학교가 되는 것"이라고 말하기도 했다.

따라서 아이에게 '잘' 보이는 것은 선택사항일 수 없다. 부모로서 당연히 해야 할 일이다. 아이들은 "남의 선한 일을 보면 자신도 착해지려고 노력한다(견인지선 이심기지선 見人之善 以尋己之善)."고 하지 않았는가.

아이들을 대상으로 한 실험 중에 인상 깊은 것이 있어 소개하고자 한다. 아이들을 세 그룹으로 나눠 각각 다른 비디오를 보여 준 후 반응을 살피는 실험이었다. 광고용 풍선 인형이 등장하는 비디오로, 첫 번째 그룹의 아이들에게는 행인이 풍선 인형을 때리고 발로 차는 모습을 보여 주었다. 두 번째 그룹의 아이들에게는 풍선 인형을 그냥 무시하고 지나치는 어른의 모습을 보여 주었고, 마지막 그룹의 아이들에게는 풍선 인형을 보듬고 안아 주는 모습을 보여 주었다.

시청이 끝난 후 아이들을 비디오에 나온 풍선 인형이 있는 방에 들여보내 행동을 관찰하였다. 그 결과는 놀라웠다. 아이들이 자신들이 본 비디오 속 어른의 모습을 그대로 따라 하는 것이었다. 손과 발로 가격하는 모습을 본 아이들은 대부분 인형에게 공격적 행동을 보였고, 인형을 포용하는 모습을 본 아이들은 보았던 그대로 인형을 품에 안았다. 무관심하게 지나치는 행인의 모습을 본 아이들은 풍선 인형에 관심을 보이지 않고 주위를 두리번거렸다.

이렇듯 아이들은 남을 흉내 내거나 본보기 삼아 타인의 행동을 그대로 따라 하는 경향을 보인다. 모방 행동을 하는 것이다. 이런 모방 행동은 아이뿐만 아니라 모든 사람에게 공통적으로 나타나는 학습 활동이다. 모방은 인간의 학습을 가능하게 하는 가장 기본적이며 보편적인 수단이다. 유아기 때 시작되는 모방 학습의 일차적 모델은 대개 부모다. 부모의 행동을 보면서 아이들은 언어, 생활 습관, 행동 등의 기본 양식을 따라 하고, 해도 되는 것과 하지 말아야 할 것 등을 하나씩 배워 간다. 부모를 모방하면서 올바른 인성과 바람직한 삶의 자세를 습득해 가는 것이다.

옛말에 '군군신신 君君臣臣'이라 했다. '임금은 임금답게, 신하는 신하답게'란 뜻이다. '기립입인起立立人'이라 하여, 내가 바로 서야 남도 바로 세울 수 있다고도 했다. 이제 말을 삼가고, 몸가짐과 행동을 신중하게 하면서 아버지답게, 어머니답게(부부모모父父母母) 바른 모습을 보여 주자. 그래야 부모답다고 말할 수 있다. "아이는 부모의 등을 보고 자란다."는 말이 묵직하게 느껴진다.

배움의 길,
주인은 누구일까?

조선 중기의 문신 이덕수는 "책을 읽을 때는 종이에 기름이 스며들듯이 책과 읽는 사람이 하나가 되어야 한다."라고 말했다. 한마디로 책에 몰입하여 깊이 파고들라는 말이다. 마치 사랑에 빠진 사람이 연애편지를 읽을 때처럼 말의 색깔과 문장의 향기, 글의 무게까지 느끼면서 읽으라고 권하는 것이다.

몰입하여 깊이 파고드는 자세는 어떤 일을 하여 좋은 성과를 얻기 위해서, 특히 배움에 있어서 반드시 필요한 덕목이다. 이것이 가능하려면 무엇보다 마음이 중요하다. 사랑하는 감정이 없다면 설령 연애편지라고 할지라도 푹 빠져서 읽을 수 없다. 유치하고 서툰 문장으로 써진 편지라도 사랑하는 마음이 있다면 여러 번 반복해서 읽게 되지만, 아무리 아름답고 근사한 문장으로 써진 편지라도 마음이 없다면 그건 더 이상 연애편지가 아니다. 그렇기 때문에 무엇보다 중요한 것은 사람의 마음가짐이다. 하여 맹자도 "구하면 얻고, 놓으면 잃는다." 라고 말하며 책을 보는 데 사람의 마음과 의지가 중요함을 강조했다.

감정emotion이라는 단어는 '움직이다'라는 뜻의 라틴어 동사 '모테레motere'와 '떠나다'의 뜻을 갖고 있는 접두사 'e'가 결합된 것이다. 이는 사람에게 어떤 행동을 하게끔 만드는 것은 그 사람의 감정이라는 점을 시사한다. 흔히 사람들은 "기분이 안 난다."는 말을 한다. "그럴 기분 아니거든."이라고 말하면 이는 곧 할 의사가 없다는 의미다. 비슷한 표현으로 "~할 맛이 안 난다."라는 말도 있다. 이것은 무엇을 할 때 마음의 상태나 분위기가 중요하다는 뜻이다. 하기 싫은데도 불구하고 억지로 해야 한다면 그것은 노동이나 다름없다. 반대로 하고 싶은 일이라면 설령 그것이 노동일지라도 '놀이'가 된다. 무엇을 할 때는 마음의 상태가 중요하다는 결론이다.

한국계 미국 아동문학 작가 린다 수 박은 "아이들은 키 작은 어른일 뿐이다. 덜 격렬할지 모르겠으나 감정적인 구성은 어른과 같다."고 강조한다. 당연히 아이들도 '책 볼 기분'과 '공부할 맛'이 날 때가 있다. 바로 호기심이 발동하여 관심이 생길 때다. 그럴 때 읽는 책은 맛깔스럽다. 아이들이 궁금해하는 것, 아이들의 흥미를 이끌 수 있는 것에서 학습을 시작해야 한다고 교육 전문가들이 강조하는 것은 지극히 당연한 주장이다.

이렇듯 아이의 자발적인 학습 태도가 중요함에도 불구하고 현실은 그렇지 못할 때가 많다. '가르치고(교敎) 기른다(육育)'는 말 자체가 이미 암시하듯, 우리 교육은 항상 아이들을 단순히 가르쳐야 할 대상으로 볼 뿐이다. 배우는 자의 관점이 실종되어 있다. 책을 읽는 것조차 어른들에 의해 결정되는 경우가 다반사다. 무슨 무슨 단체에서 선정했다는 수많은 권장 도서들이, 화려한 수식어가 붙은 필독서들이 아이들의 책장을 빼곡히 채워 간다. 내 아이에게 좋을 것이라는 부모의 판단에 의해 선택된 책들이다. 아이는 시키는 대로 이 책들을 읽기만 해도 칭찬을 받는다. 그런데 어른들이 골라 준 이런 책을 읽으며 아이들은 이덕수가 말한 것처럼 책과 하나가 되는 경험을 할 수 있을까?

뇌과학에 따르면 즐거운 공부는 감정의 뇌(변연계)에서 비롯되며, 감정의 뇌가 충족되면 바로 옆에 있는 동기 부여의 뇌가 작동한다고 한다. 반대로 억지로 하는 공부는 감정의 뇌, 기억의 뇌(해마)를 손상시켜 우울증과 기억 감소를 야기하고, 자존감을 떨어뜨리는 것으로 알려져 있다. 그런데 아이들의 공부는 어른들에 의해 일방적으로 이루어지고 있으며, 그로 말미암아 아이들에 의한 자발적인 동기 교육이 외면당하고 있는 실정이다.

일찍이 연암 박지원은 공감을 얻지 못하는 글공부를 '이명耳鳴'과 '코골이'에 비유한 바 있다. 이명은 자신은 소리를 들을 수 있는데 남은 듣지 못하고, 코골이는 남은 알지만 자신은 모른다. 읽는 사람과 공감하지 못하는 글도 이와 같다는 것이다. 남에게 전달되지 않는 글, 읽는 사람의 마음을 열지 못하는 글은 읽는 것 자체가 무의미하다. 그야말로 하얀 것은 종이요, 까만 것은 글씨일 뿐이다.

그럼 어찌해야 할 것인가? 읽을거리나 볼거리를 아이의 선택에 맡기는 방법이 있다. 어른이 볼 때 다소 유치하고 내용이 흡족하지 못할지라도 아이가 재미있게 느낀다면 아이의 선택을 존중해 줄 필요가 있다. 아이에게 좀 더 자유로운 분위기를 만들어 주자는 것이다. 골라 보는 재미가 어디 어른들만 느끼는 것이겠는가. 설사 아이가 선택했다가 중간에 포기한다 해도 부모는 자연스럽게 받아들여야 한다. 먹음직스럽게 보여서 고른 음식도 막상 한 입 깨물어 보니 아니다 싶을 때가 있지 않은가.

마크 트웨인의 『톰 소여의 모험』은 우리에게 잘 알려진 소설이다. 거기에 이런 내용이 나온다.

폴리 이모는 톰 소여에게 벌로 울타리에 페인트칠을 하라고 시킨다. 지겨운 일을 억지로 하게 된 톰에게는 끔찍한 노역이 아닐 수 없다. 마침 벤이 지나가자 톰은 페인트칠이 재미있는 놀이인 듯 꾸며 댄다. 톰의 말에 속아 넘어간 벤은 자기도 하고 싶다고 말하지만, 톰은 몇 차례나 거절을 한다. 벤이 사과까지 주며 간청하자 그제야 못이기는 척 생색을 내며 페인트칠을 넘긴다. 결국 벌로 주어졌던 톰의 페인트칠은 다른 아이들까지 합세하면서 즐거운 놀이가 된다.

이 에피소드로부터 '톰 소여 효과'라는 용어가 만들어진다. 비록 힘겨운 일이라고 할지라도 자발적인 동기에서 시작하면, 즉 '자기 결정권'이 주어지면 얼마든지 즐겁게 할 수 있는 놀이가 된다는 것이다.

옛 사람들은 수처작주(隨處作主, 어느 곳이나 가는 곳마다 주인이 됨)라 하여, 어디서나 주인으로서 주체적인 의식을 가지라고 가르친다. 언뜻 쉬워 보이지만, 훈련과 경험이 없으면 불가능하다.

일방적 가르침에서 수평적 가르침으로

아이가 자신의 의사에 따라 무엇인가를 주도적으로 해볼 수 있는 기회를 늘려가야 한다. 자신의 자발적 선택을 인정받은 아이는 자신감과 자아 존중감이 높아지고 스스로 무언가 하고자 하는 의욕이 샘솟는다. 책 읽을 기분이 나고 공부할 맛이 난다. 이렇듯 제 힘으로 무엇인가를 하고, 그 결과를 온전히 스스로 느끼고 책임지는 것 또한 배움의 목표가 아닐까.

부모들은 종종 행동을 유도하기 위해 아이에게 당근을 제시하지만 그 효과는 오래 지속되지 않는다. 반면에 자신이 좋아하는 것을 할 때는 아이는 아무런 보상 없이도 몰입한다. "잘 놀면 장난감 사줄게!"라는 식의 유혹이 없더라도 배고픔도 잊고 열심히 논다. 즐겁기 때문에 가능한 일이다. 즐거운 마음이 오랜 시간 그리고 열성적으로 놀이에 집중하도록 한다.

즐거움은 밖에서 주입되는 것이 아니다. 안에서 우러나오는 것이다. 아이가 느끼는 즐거움은 어른이 주는 것이 아니라 아이 스스로 선택한 결과로서 얻어지는 것이다. 선택이 자유로우면 그만큼 즐거움도 쉽게 많이 찾을 수 있다. 아이가 걸어가는 배움의 길에서는 아이가 주인공이다. 그 주인공에게 선택을 맡겨 보자.

이때 너무 불안해하지 말자. 아이의 선택이 다소 불안하고 못마땅해도 존중해 주고 기다려 주자. 실패도 공부다. 인간은 노력하는 한 누구나 실수하기 마련이다. 실수를 한다는 것 자체가 인간답다는 증거다. 아무리 답답하더라도 부모가 아이를 대신해서 공부할 수는 없다. 남이 밥을 먹는다고 내 배가 부를 리 없는 것처럼 말이다.

그리스 신화에 프로크루스테스라는 인물이 있다. 그는 아테네로 가는 한적한 길목을 지키며 온갖 나쁜 일을 일삼는 도둑이다. 프로크루스테스는 밤길을 지나가는 나그네를 자기 집에 유인하여 강제로 쇠로 만든 침대에 묶은 다음, 나그네의 키가 침대보다 짧으면 다리를 잡아당겨 죽였고, 반대로 키가 침대보다 길면 다리를 잘라 죽였다. 그 침대와 몸 길이가 똑같은 사람만이 프로크루스테스로부터 목숨을 건질 수 있었다. 이런 프로크루스테스의 악행은 결국 아테네의 영웅 테세우스에 의해 끝을 맺게 되는데, 그동안 그가 저질러 왔던 것과 똑같은 방식으로 자신의 침대에 묶여 죽임을 당했다.

프로크루스테스는 자기가 세운 일방적이고 절대적인 기준과 틀에 다른 사람들을 강제로 맞추려고 하는 아집과 편견의 상징적 인물이다. 혹시 우리가 프로크루스테스가 아닌지 모르겠다. 부모라는 이름으로 자신이 일방적으로 만든 틀에 아이를 맞추려고 늘렸다 줄였다 하고 있는 것은 아닌지 냉정하게 돌아볼 필요가 있다. 양육에 있어서 부모는 조연이다. 자녀양육에서 우리 어른들은 힘을 좀 빼야 한다. '부모가 있

양육에 있어서 부모는 조연이다.

'부모가 있기에 자녀가 있다.'는 생각에서

'자녀가 있기에 부모가 있다.'는 방향으로,

일방적 가르침에서 수평적 가르침으로 바꾸어 나가야 한다.

배움의 과정과 끝에 서 있는 궁극의 주인공은 결국 아이다.

기에 자녀가 있다.'는 생각에서 '자녀가 있기에 부모가 있다.'는 방향으로, 일방적 가르침에서 수평적 가르침으로 바꾸어 나가야 한다. 양육의 대상도 아이고, 양육의 목적도 아이다. 배움의 과정과 끝에 서 있는 궁극의 주인공은 결국 아이다. 빌려 온 렌터카를 세차하는 사람은 없다. 자신의 관심 밖에 있는 것은 내 것이 아니다. 아이들 역시 자신이 관심 있는 것, 자신과 관계된 문제에 집중한다. 따라서 부모는 평소 아이가 무슨 이야기를 하는지, 어떤 것에 관심을 보이는지 유심히 관찰하여 거기서부터 아이의 교육을 시작해야 한다. 학교에서도 학원에서도 할 수 없는 오직 부모만이 할 수 있는 일이다.

'줄탁동시啐啄同時'라는 말에 주목하자. 병아리가 껍질을 쪼는 것을 줄啐, 어미가 밖에서 쪼는 것을 탁啄이라 한다. 알이 부화할 때 어미 닭과 병아리가 안팎에서 껍질을 쫀다는 의미로, 협력의 중요성을 강조하는 말이다. 아이는 부모가 키우는 것이 아니다. 주인공인 아이와 함께 주연급 조연인 어른이 동시에 노력해야 올바른 양육(교육)이 가능해진다.

무자서 無字書,
책이 없는 공부

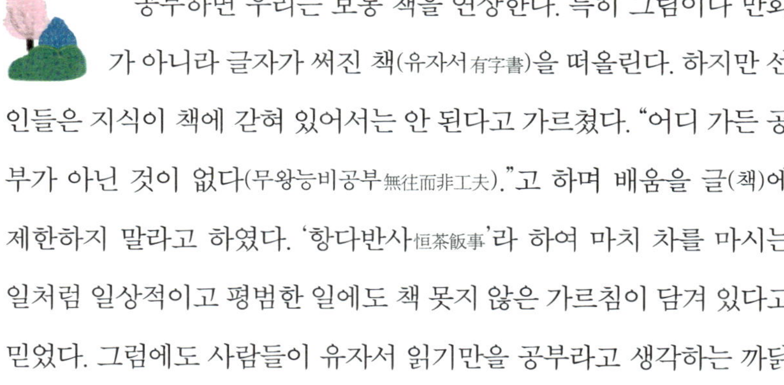

공부하면 우리는 보통 책을 연상한다. 특히 그림이나 만화가 아니라 글자가 써진 책(유자서 有字書)을 떠올린다. 하지만 선인들은 지식이 책에 갇혀 있어서는 안 된다고 가르쳤다. "어디 가든 공부가 아닌 것이 없다(무왕능비공부 無往而非工夫)."고 하며 배움을 글(책)에 제한하지 말라고 하였다. '항다반사 恒茶飯事'라 하여 마치 차를 마시는 일처럼 일상적이고 평범한 일에도 책 못지 않은 가르침이 담겨 있다고 믿었다. 그럼에도 사람들이 유자서 읽기만을 공부라고 생각하는 까닭은 참된 공부가 책 밖에도 있다는 사실을 미처 깨닫지 못하기 때문이라고 보았다.

이처럼 글자 없이 일상에서 배우는 것을 '무자서 無字書' 공부라고 부른다. 글이 아닌 일상적 삶 속에도 많은 가르침이 담겨 있으니 매일매일 생활 곳곳에 주목하여 배울 바를 찾아야 한다는 것이다. 즉 무자서 교육은 일상생활의 작은 실천으로부터 덕을 쌓아 높은 배움의 경지에 도달하는 것을 목표로 삼았으며, 유자서 공부와 더불어 우리 옛 교육에 근간을 이루었다.

무자서 공부의 구체적인 방법 가운데 오늘날 참고할 만한 몇 가지를 소개하고자 한다.

옛 선학들은 배움에 있어서 "마음을 두는 곳은 손바닥"이라고 말하였다. 다시 말해 배움에서 '손글씨 쓰기'를 강조했다. 실학자 이덕무는 "글이란 눈으로 보고 입으로 읽는 것보다 손으로 직접 한 번 써보는 것이 백배 낫다. 손이 움직이는 대로 마음도 반드시 따라오므로 스무 번을 읽고 외운다 해도 공들여 한 번 써보는 것만 못하다."라고 하면서 직접 쓰면서 공부할 것을 권하였다. '손글씨 쓰기'가 배운 것을 기억하는 데 효과적이라는 것이다.

하지만 손글씨 쓰기를 강조한 보다 중요한 이유는 다른 곳에 있다. 글씨와 글에 그 사람의 인격이 담겨 있다고 생각했기 때문이다. "글은 그 사람과 같다(문여기인文如其人)."고 여겨 한 사람의 교양을 판단하는 주요 기준으로 그 사람의 글씨를 살폈다. 글자 그 자체는 생각을 전달하는 도구지만 글자를 표현하는 글씨에는 마음이 담겨 있어 한 사람의 글씨를 살펴 그의 마음 상태와 배움에 임하는 자세를 판단할 수 있다고 생각했던 것이다. 손글씨를 살핀다는 것은 글씨를 잘 쓰고 못 쓰고를 가려낸다는 의미가 아니다. 글자 하나를 쓸지라도 정성스러운 마음을 담아 진지한 자세로 임하라는 무자서의 공부를 강조한다.

배움은 시간의 자식이다. 배움은 자판기에 동전을 넣으면 곧바로 나오는 커피와 다르다. 배움은 마치 돌쌓기와 같이 차곡차곡, 꾸준히 닦아 보태 가는 연속 과정이다. 따라서 배움에는 시간과 기다림이 필요하다. 옛 사람들은 시간이 흐르면서 공부가 깊어지고, 깊어진 공부는 글씨에도 스며든다고 생각하여 "사람과 글씨가 함께 나이를 먹는다(인서구노人書俱老)."고 표현하기도 하였다.

선학들이 일기와 편지 쓰기를 공부의 중요한 일부로 강조한 것도 이 때문이다. 이는 일상에서 손쉽게 실천할 수 있는 무자서 배움일뿐더러 자기 자신을 이해하는 좋은 거울이 되어 준다. 우리는 자신의 두 눈으로는 스스로를 볼 수 없다. 거울을 통해야 비로소 자신을 볼 수 있지만 자신의 겉모습에 불과하다. 일기는 자신의 마음을 비춰 주는 거울로써, 자신을 객관적으로 바라볼 수 있게 한다.

일기가 자신을 향한 내밀한 독백이라면, 편지는 상대를 향한 속 깊은 고백이자 '손대화'다. 자신의 마음을 진솔하고 조용하게 드러내면서 타인을 새겨보고 이해하는 소통의 기회이기도 하다. 서신 교환을 배움의 중요한 방편으로 여긴 이유다.

컴퓨터와 스마트폰을 이용해서 이메일과 문자 전송을 간편하게 할 수 있어 과거에 비해 직접 글을 쓰는 기회가 적어진 요즘, 손으로 일기나 편지를 써보는 일은 교육적으로 그 의미가 더욱 커진 듯하다.

이와 더불어 선학들은 무자서 배움으로, 사람들과 어울리며 배려하는 '대화'를 중요시 여겼다. "만날 때라야 배운다."라는 서양 속담처럼 전통교육에서도 '혼자 깨달을 수 없고 마땅히 스승과 벗이 있어야' 배움이 올바로 이루어진다고 생각했다. 혼자 하는 공부는 시야가 좁아지고 관점이 편협해질 수 있기 때문에, 벗 또는 타인과의 대화를 통해 그 생각의 폭을 넓히고 깊이를 더해야 한다는 것이다. 즉 사람과의 대화를 통해서 자신의 생각을 표현하는 법을 습득하는 한편 겸손한 자세로 상대에 경청하면서 자신의 공부를 되짚어 보기를 권하였다. '독참獨參'이라 하여 정기적으로 스승과 일대일로 만나 대화를 나누던 것도 자신이 그동안 배운 것에 잘못된 점은 없는지, 편중되지는 않았는지 등을 스스로 성찰하고 고치기 위한 방법이었다.

조선시대에 '학예일치(學藝一致, 학문과 예술을 일치시키는 교육)'를 목표로 삼았던 것도 무자서 교육의 좋은 예다. "사람이 되려면 뿌리와 기초가 무엇보다 중요하며 일을 처리할 때는 원칙에 따라야 한다. 예악禮樂은 규칙이나 원칙을 중시한다. 연주법을 무시하고 자기 마음대로 연주하면 곡이 성립할 수 없다. (음악 교육을 통해) 아이에게 일찍부터 예의, 음률 그리고 (악기의) 미세한 차이점 등을 알게 하면 훗날 크게 도움이 될 것이다."라고 말하며 글에서 배울 수 없는 것을 강조했다.

공자의 어머니도 공자에게 일찍부터 악기를 가르쳤다. 악기를 연주하는 데에는 무엇보다 음률과 박자를 맞추고 다른 악기와의 조화를 이루는 게 필수다. 이런 점이 타인과 함께하는 생활에서 교육적 의미가 있다고 본 것이다.

이 밖에도 퇴계 이황은 "학문은 오로지 독서에만 있지 않고 마땅히 두루 다니며 견문을 넓혀야 한다."라고 하면서 '여행'의 필요성을 강조하였다. 새로운 것을 찾아 낯선 곳으로 길을 떠나 다양한 것들을 보고 듣고 느끼고 생각해 보라며, 그는 "자식을 사랑한다면 여행을 보내라." "만 권의 책을 읽고, 만 리 길을 여행하라."고 적극 권장하였다. 여행이 바로 '발로 하는 독서'라 믿었기 때문이다.

배움의 가치를 결정하는 것

　무자서 교육을 강조함과 동시에 우리의 전통교육에서는 '책(글)만 읽는 바보' 즉 간서치가 되지 말라고 조언한다. 간서치란 배운 것은 많으나 그 배움을 삶에서 전혀 활용하지 못하는 것을 가리키는 말이다. 아는 것과 실천하는 것의 차이가 큰 경우를 비유적으로 표현한 것이다.

　중국 북송시대 시인이던 소동파는 "내가 평생 읽은 오천 권의 책은 한 글자도 굶주림을 구제하지 못한다."며 한탄한 바 있다. 한말 계몽운동가였던 윤치호도 "물 수 없으면 짖지도 마라."라고 하여 실천 없는 배움을 질타하였다. 결국 배움의 가치를 결정하는 기준은 실천에 있다고 보았다. 중국 덩샤오핑은 "실천은 진리를 검증하는 유일한 표준이다." 라는 말을 하기도 하였다. 이 밖에도 아리스토텔레스는 "교육이 무엇인지는 교육이 무엇을 하는 그 기능을 통해서만 알 수 있다."고 하였다. 현실에서 행할 수 없는 배움이라면 그것은 결코 올바른 배움이 아닌 것이다. 배움은 실학(實學, 실제로 소용되는 학문)이어야 한다.

이처럼 우리 선조들은 예로부터 실천 교육을 중시하며, 일상생활 속에서 배움을 닦아야 한다고 힘주어 말했다. 배움(지知)과 삶(행行)이 동떨어진다면 그 배움에 무슨 의미가 있겠는가? 실천은 배움의 가치를 측정하는 잣대다. 현실에서 행동으로 이어지지 않는 지식은 무용無用지식이고, 무용지식은 죽은 지식이다. 죽은 지식은 삶을 살아가는 인간에게 쓸모없다. 삶과 배움이 서로 이어져야 비로소 그 지식은 생명의 활력을 갖고 우리의 삶을 위해 역할을 할 수 있다. 이런 생각을 바탕으로 옛 선현들은 '지행합일 지행겸진(知行合一 知行兼進, 참지식은 실천이 뒤따라야 하며 아는 것과 행하는 것은 함께 이루는 것)'이라 하여 공부와 일상의 삶을 따로 구분하지 않았다. 따라서 하찮은 듯 보이는 걸레질을 통해서도 사람이 배우고 성장할 수 있다고 생각하였다. '손으로 청소의 예조차 다할 줄 모르면서 입으로 천리의 심오함을 말하는 것은 실용의 가치가 없는 교육'이라고 하며 생활화된 교육을 역설하였던 것이다. 한마디로 '일상이 삶의 스승'이라 여겼다.

그 예로 조선시대 학자 김굉필은 하늘의 이치를 깨우치려는 거창한 공부에 매달리기에 앞서 당장 어제 저지른 잘못을 깨닫고 부모에게 제대로 효도할 수 있는 일상의 공부에 매진하라고 독려하였다. '쇄소응대灑掃應對'라 하여 '물 뿌리고 청소하며 어른을 대하는 일상의 생활 습관부터 바르게 하는 것'을 배움의 기본으로 삼았다. 다산 정약용 역시 학문은 현실 속에서 실천할 때 비로소 터득될 수 있다고 확신하였다.

그리고 가족들이 모이는 식사 시간은 이러한 배움의 장소로써 최적

'책(글)만 읽는 바보' 즉 간서치가 되지 말아야 한다.

실천은 배움의 가치를 측정하는 잣대다.

삶과 배움이 서로 이어져야 비로소 그 지식은 생명의 활력을 갖고

우리의 삶을 위해 역할을 할 수 있다.

이라고 생각했다. 이것이 소위 말하는 '밥상머리 교육'이다. 식사를 하면서 예절을 가르치는 한편, 가족 구성원간의 유대감을 쌓았다. 식사 예절과 어른들에 대한 예의를 구체적으로 경험하면서 가족 문화를 익히는 기회로 삼았던 것이다.

이상에서 보듯이 우리는 예로부터 교육을 단순히 글을 읽고 익히는 것으로 제한하지 않았다. 사고의 폭을 넓히고 그 깊이를 더하기 위해 글자 없는 배움의 길을 함께 강조하였다. 글쓰기, 여행, 음악, 사람과의 관계 맺기, 청소와 식사 등 일상의 모든 것을 스승으로 간주했다. 이렇듯 일상적 삶에서의 실천을 기본으로 하는 무자서 교육은 한마디로 '언제 어디서나 읽고, 언제 어디서나 쓰고 대화하고, 배운 것은 언제 어디서든 실천하라'는 가르침이다.

눈과 귀로 하는 공부를
경계해야 한다

맹자가 이런 말을 하였다.

귀와 눈은 생각할 줄 모르기 때문에 사물에 가려진다. 그래서 눈과 귀는 사물과 접촉하면 거기에 끌려갈 뿐이다. 반면 마음은 생각할 줄 알기 때문에, 생각하면 얻을 수 있고 생각하지 않으면 얻지 못하게 된다.

여기서 맹자는 눈과 귀는 생각할 줄 모르기 때문에 눈과 귀만으로 하는 공부를 경계하고 있다. 이 말인즉슨 사물의 진정한 본질을 이해하려면 보고 듣는 것이 아니라 깊이 있는 생각이 필요하다는 것이다. 순자 또한 "소인의 학문은 귀로 듣고 그것을 그대로 입으로 말하는 것이다."라고 말하며, 사색 없이 그저 보고 익힌 것을 되풀이하는 공부를 비판하였다. 성리학을 확립시켜 유학사와 동아시아 사상사에 큰 영향을 미친 주희도 배움에서 사색의 중요성을 밝힌 바 있다.

책을 읽을 때 가져야 할 세 가지를 '독서삼도讀書三到'라고 하였다. 책을 읽음에 있어 눈으로 잘 보고(안도眼到), 소리 내어 잘 읽고(구도口到), 마음으로 잘 이해해야(심도心到) 한다는 것이다. 이 가운데 마음으로 살피는 심도를 가장 으뜸으로 꼽았다.

사실 아이에게 독서란 지식 습득만이 목적이 아니다. 독서 그 자체가 아이에게 생각의 재료가 되어야 한다. 읽은 내용에 대해 스스로 생각해 보는 시간을 가져 자기 것으로 만들어야 한다. 영국의 철학자 로크는 '독서는 지식의 재료를 공급하는 것일 뿐 읽은 내용을 자신의 것으로 만드는 것은 어디까지나 사색의 힘'이라고 하였다.

사유思惟의 과정은 일종의 질문 과정이다. 한자어 사思는 전田과 심心으로 이루어진 것인데, 이때 전田은 '밭'이 아니라 '사람의 뇌, 머리'를 가리킨다. 심心은 익히 알고 있는 대로 '마음'을 뜻한다. 따라서 '생각 사思'는 '머리와 가슴으로 생각한다'는 뜻이 된다. '생각 유惟'도 분해하면 변忄에는 '마음 심心'이, 추隹에는 '묻다, 알아보다'는 뜻이 있어, 결국 '마음으로 묻고 생각한다'는 의미를 갖는다.

보고 들은 것에 대해 의문이 생기면 이것이 질문이 된다. 그리고 이 질문들을 하나하나 풀어 가기 위해서는 생각이 필요하다. 이 생각의 과정을 통해 사물의 핵심을 들여다보는 안목을 키우고 새로운 관점을 가질 수 있다. 그래서 오래 의심하고 깊이 생각하는 자세를 배움의 요건이라 하는 것이다.

본래 학문은 학學과 문問이 합쳐진 말이다. 배우고 질문하는 것, 그것이 학문이다. 배움과 질문의 관계에 대해 송나라 학자 육구연은 "공부하는 사람은 의문을 품지 않는 것을 걱정해야 한다. 의문을 품으면 진보한다."라고 말했다. 명나라 학자 왕수인도 배움에 있어 궁금한 것이 없다는 것은 있을 수 없는 일이라며, 배움이란 곧 '즐겨 묻는 것(호문好問)'이라고 주장하였다. 『징비록』으로 유명한 조선 중기 학자인 류성룡도 배움에서 중요한 것은 '정밀히 사색하고 자세히 질문하는 것'이라고 강조하면서, 질문이 없다면 "책을 많이 읽는다 한들 무슨 도움이 되겠느냐?"라고 하였다. 학문의 본질이 질문에 있음을 강조한 선현들의 말이다.

그렇다면 질문은 어떻게 해야 할까? 가깝고 쉬운 것부터 시작해야 한다. 『논어』에 보면 '절문근사切問近思'란 말이 있다. '절실하게 묻고 내 주변에 가까이 있는 것을 생각하라'는 뜻이다.

말하자면 지식은 질문에서 비롯되는 것으로, 일상생활의 구체적인 것에서 의문을 품고 질문해야 한다는 것이다.

사실 질문의 중요성에 대해 모르는 부모는 없을 것이다. 이를 위해 부단히 노력을 기울이는 부모도 많으리라. 문제는 정해진 답을 구하는 질문을 많이 한다는 것이다. 기억에 의존한 사실 확인이 목적인 질문들로, 대부분 아이가 잘 기억해 내는 걸로 만족한다. 그러나 자고로 질문은 아이들로 하여금 평소와 다른 방식으로 생각할 수 있는 기회를 제공할 수 있어야 한다. 가르친 것을 확인하기보다 가르침을 바탕으로 다양한 생각을 키우도록 도와주는 것이 질문의 참된 목적이다. 그래서 질문이 중요하다고 하는 것이다.

그런데 여기서 잠깐, 질문은 언제 해야 하는 것일까? 대부분 가르침이 끝난 후 질문이 이어진다. 하지만 옛 교육 방식에서는 "오로지 사색을 하여 스스로 깨달은 뒤에 독서하여 증명하였다."라고 하였다. 배움 뒤에 이어지는 질문은 공부한 내용에서 답을 찾도록 생각의 폭을 제한한다. 그에 반해 독서를 시작하기 전에 관련 질문을 먼저 하면 질문 자체가 다양해지고 폭이 넓어진다. 또한 질문의 답을 찾아 책을 읽게 되면서 자신의 생각을 스스로 점검해 볼 수도 있어 활발한 사고 활동을 촉진할 수 있다. 따라서 질문은 배움 전前과 후後로 나누어 양방향에서 이루어지는 것이 좋다.

아이 스스로 질문을 만드는 방법도 적극 권하고 싶다. "주어진 문제를 풀라."고 하는 대신 "네가 중요하다고 생각하는 문제를 내보라."고 하는 것이다. 주어진 질문에 따라 답을 찾는 것이 아니라 스스로 질문을 만들어 봄으로써 익힌 것을 나름대로 정리해 보는 시간을 가질 수 있다. 또한 자신의 생각과 다른 것은 없는지, 새롭게 알게 된 내용은 없는지 다양한 시각에서 살펴보게 된다. 이는 아이의 시각을 넓혀 줘 사고와 경험을 확장시킨다. 자연스럽게 자신과 다른 의견일지라도 무조건 반대하지 않고 적극적으로 토론을 이어 나가는 사회성이 길러진다.

사색 대신 검색으로 살아가는 오늘날 아이에게 고개 숙여 읽게만 할 것이 아니라 고개 들어 생각해 보는 시간을 선사해야 한다. 지금부터라도 "하루의 반은 책을 읽고, 나머지 반은 생각하라." "낮에 읽은 것을 밤에 생각하여 풀라."는 옛말을 실천해 보자.

질문이 어려운 부모를 위해

질문을 하려면 무엇보다 잘 들어야 한다. 아이의 이야기가 틀렸을지라도 이를 고쳐 주기보다 경청해야 한다. 아이의 눈높이와 속도에 맞추어 열심히 들어 주고 기다리는 인내심이 필요하다. 아이의 의견이 반드시 다른 사람의 의견과 일치해야 할 이유는 없다. 다른 의견이라도 자녀의 이야기를 끝까지 귀담아 들어 주자. 백 명의 아이에겐 백 개의 세계가 있다고 하지 않던가.

질문하기란 쉬운 일이 아니다. 특히 주입식 교육을 받아 온 부모 세대들은 더욱 그러하다. 질문의 방식은 매우 다양하여, 지식의 기억 여부를 묻는 질문에서부터 글의 뜻을 살피거나 상대의 생각을 묻는 질문까지 여러 가지다. 그러나 이러한 질문 양식을 정리해 보면 크게 네 가지로 구분할 수 있다. 실제 예시를 통해 이 네 가지 질문 방식을 소개하고자 한다.

먼저 '사실에서 출발한 질문'이다. 배움에는 바탕지식으로써 반드시 기억해야 할 것이 있다. 그리고 이 기본적인 사실을 바탕으로 질문을 발전시켜 나갈 수 있다. 사실적 질문에는 반드시 정답이 있다. 예를 들면 단군 신화에서 '곰과 호랑이가 인간이 되기 위해서 먹었던 것은 무엇이었나?'와 같은 물음이다. 이에 대한 대답은 '쑥과 마늘'이다. 쑥과 마늘이 정답이다. 그 외에는 틀린 답이다. 이처럼 사실적 질문은 맞고 틀림을 분명하게 구분할 수 있다는 특징을 갖는다.

두 번째 '평가적 질문'이다. 이 질문은 기본적인 지식을 습득한 후에 그 사실과 관련된 인물의 행동이나 태도에 대해 옳고 그름을 평가해 보도록 유도하는 질문이다. 예를 들면 '심청이가 인당수에 몸을 던진 것은 옳은 일인가?' '악법도 법이라고 하면서 기꺼이 독배를 마신 소크라테스의 행동은 옳은가?'와 같은 질문이다.

평가적 질문에서 주의할 점은 답이 너무 분명한 질문은 자제해야 한다는 것이다. '신호등은 지켜야 할까, 아닐까?'처럼 결론이 빤한 질문은 바람직하지 않다. 아울러 판단의 이유에 대해서도 꼭 물어야 한다. 예를 들면 심청이가 목숨을 버린 것은 잘못되었다고 말했다면 왜 그렇게 생각하는지 그 이유가 명확해야 한다. 이 질문에서 중요한 것은 답이 아니라 논리적인 사고를 통해 자신만의 의견을 확립하는 것이기 때문이다.

세 번째는 해석적 질문이다. '단군 신화에서 호랑이가 인간되기를 포기한 이유는 무엇인가?' '왜 곰은 성공하고, 호랑이는 실패했을까?' 어떤 일의 원인과 결과에 대해 나름대로 풀이를 해보게 하는 것이다. 물론 그 답은 여러 개일 수 있다. '곰은 왜 남자가 아니고 여자로 태어났을까?' 등 다양한 질문이 가능하다. 정답은 없지만 알고 있는 지식을 바탕으로 나름의 '인과관계'를 찾아봄으로써 생각을 다양하게 확장시킬 수 있다.

마지막으로는 '사색적 질문' 또는 '상상적 질문'이다. 알고 있는 지식을 바탕으로 자유롭게 상상하도록 유도하는 질문이다. '심청이가 인당수에 몸을 던지지 않았다면 결과는 어떻게 되었을까?'와 같은 질문으로 정해진 답은 없다. 대답에 대한 근거도 전혀 없다. 단지 인물, 사건, 배경, 상황 등을 다른 각도로 '상상'해 보는 것이다. 다른 선택 가능성이 있음을 확인하고 자신의 선택과 책의 내용을 서로 비교해 봄으로써 문제해결 능력을 넓힌다는 데 그 의미가 있다.

열 가지 중에
일곱 가지만 채워 주는 교육

옛날 우리 어머니들은 아기가 태어나면 백일 옷을 지었다. 백 조각의 천을 한 땀 한 땀 이어서 만들기도 하고, 백 개의 실을 건강의 씨줄과 행복의 날줄로 누벼 정성을 다해 옷을 지었다. 아이의 건강과 행복을 간절히 마음속 깊이 염원하면서 말이다. 이러한 어머니의 지극정성은 지금도 마찬가지다. 그 모습은 달라졌어도 그 마음만큼은 오늘날도 결코 다르지 않다.

오히려 아이가 한두 명밖에 없는 가정이 늘어나면서 부모의 자식사랑은 더욱 애틋해진 듯하다. 그래서인지 아이가 원하는 것은 되도록 해 주려 하고, 아이의 기를 살려 주기 위해 많은 것들을 허락해 주고 있다. 물론 그렇지 않은 집들도 있지만, 일반적으로 오늘날 부모는 자식에게 매우 너그럽고 관대하다.

그런데 부모의 이러한 양육 태도가 기대와는 달리 여러 가지 문제점을 낳고 있다. 모든 것이 허용되어 온 아이가 집 안에서 벗어나 활동 범위가 넓어진 순간 불가능해지는 일들이 생겨나기 시작한다. 이는 아이에게 혼란을 불러일으킨다. 또한 그동안 너무나 당연했던 아이의 생각과 행동들이 타인과의 갈등을 야기한다. 다른 어른이나 또래들은 아이의 행동을 부모처럼 받아 주질 않기 때문이다. 이런 일이 잦아지다 보면 아이는 자신감을 잃고 위축되어 타인과의 만남을 어려워하게 된다. 집 안팎의 부조화가 아이의 성장 과정에 꼭 필요한 사회성 발달을 오히려 방해하는 것이다.

여러 매체 등에서 보여지는 삶의 모습 또한 부정적인 영향을 미치곤 한다. 과장되고 화려하게 꾸며진 각종 광고나 오락 프로그램, 먹고 마시고 즐기는 소비 중심적 놀이 모습을 보면서 아이들은 물질적이고 즉흥적인 자극에 쉽게 노출된다. 이는 아이들에게 불필요한 소비 욕구마저 부추긴다. 물론 이러한 시대적 욕구를 거스르기란 상당히 힘들다. 그러나 그로 인해 아이들의 감정 조절과 자기통제 능력이 점차 약해지고 있다. 풍요로움에 익숙해진 탓에 작은 결핍에도 참을성을 잃고 예민해지며 심지어 무기력해지고 있다. 자고로 배부른 사자는 사냥을 하지 않고, 배가 고프지 않으면 음식은 맛이 없다. 여유로우면 간절함이 생기질 않는 법이다.

도시의 가로수도 풍요로움 속에서 오히려 생명력을 잃어 가고 있다. 차량의 매연 때문만은 아니다. 사람들이 때맞춰 물을 주고 소독해 주다 보니 물을 찾아 땅속 깊이 뿌리를 내릴 필요도, 병원균과 맞서 싸울 필요도 없어졌기 때문이다. 사람들이 알아서 보살펴 주니 뿌리가 할 일은 그만큼 줄어들고, 사람들이 애쓴 보람도 없이 나무는 오히려 비실거린다. 풍요가 무기력함을 부른 것이다.

지나친 풍요는 사람을 쉽게 자만에 빠뜨리기도 한다. 아쉬운 것이 없다 보니 일을 할 때도 적극성이 부족하고, 인내심도 약해져 성급하게 결정하고 쉽게 포기하게 된다. 일찍이 조선 후기 실학의 토대를 만든 이익은 "자만심은 비탈길에서 미끄러지는 것이니 경계하라."고 충고하기도 하였다.

공부나 배움의 길에 있어서도 마찬가지다. 부족함 없이 모든 것이 풍족하게 갖춰져 있게 되면 배움에 대한 필요성을 절감하기 어렵다. 또한 공부하는 자세에도 진지함이 부족하기 쉽다. 아쉬움이 없으면 필요성을 느끼지 못하고 의욕도 생기지 않는다. 절실함이 생기지 않는 아이에게 공부란 그저 끔찍한 강제 노동일 뿐이다.

아이를 독립심 강하고 꿋꿋하게 키우려면 가난하게 키워야 한다. 이는 소위 '서푼앓이'라는 이름으로 널리 권장되었던 전통교육 방식이다. 서푼앓이란 아이가 필요로 하는 것을 모두 다 충족시켜 주는 것이 아니라, 열 가지 중에 일곱 가지만을 채워 주라는 가르침이다. 부족하게 채워 줌으로써 아이에게 아끼는 것(절약), 참는 것(인내), 스스로 해결하려는 마음가짐(의지) 등을 길러 주는 전통교육 방식이다.

아이의 앞날을 진지하게 고민하는 부모일수록 냉정해야 한다. 풍요의 시대 서푼앓이라는 옛 가르침의 참뜻을 받아들여 아이들이 부족함을 감내하면서 이를 스스로 헤쳐 나갈 수 있도록 이끄는 교육적 결단

이 더욱 절실한 요즘이다.

때에 맞게
가르치고 배워야 한다

와시다 키요카즈의 『듣기의 철학』이라는 책에 이런 내용이 나온다. '오래된 달걀과 신선한 달걀 가운데 '어느 쪽 달걀을 먹겠는가?' 하는 질문이 시험에 출제되었다. 모든 아이들이 신선한 달걀을 골랐는데, 오직 한 아이만이 오래된 달걀을 택했다. 그 이유인즉슨 오래된 달걀은 곧 상할 수 있기 때문에 먼저 먹어야 한다는 것이다. 이 아이의 답은 맞는 것일까? 틀린 것일까?

예로부터 사람들은 "계절에 따라서 병이 오고, 계절에 따라서 치료제가 온다. 그래서 계절에 따른 음식을 먹으면 병도 치료된다."고 믿었다. 가령 오이는 차가운 기운이 있다. 소금에 절인 오이를 여름에 먹으면 약이 된다. 그러나 겨울에는 독이 될 수도 있다. 때에 맞춰 먹는 제철 음식이 치료약이자 예방약인 것이다.

당연한 말이지만 교육은 삶에 도움이 되어야 한다(적실성). 그러기 위해서 교육은 시의성을 지녀야 한다. 때에 따라 제철 음식을 먹는 것처럼 가르치고 배우는 것도 '때에 맞는', '철든' 것이어야 삶에 유용하다. 흘러간 물이 물레방아를 돌릴 수 없듯이, '철모르고 철없는' 교육은 의미가 없다. 때맞춰 비가 내리고, 볕이 들고 바람이 부는 것은 축복이지만, 그렇지 못하고 때에 어긋나면 그것은 곧 재앙이나 다를 바 없다. 교육도 시간을 이길 수 없다. 시대의 순리에 맞춰, 시대적 조류에 맞춰 변화를 받아들여야 배움이 공허해지지 않는다.

아침저녁으로 조수潮水가 들고 나는 물때를 맞추면 물고기 잡이도 수월해진다. 우리는 이처럼, 때에 맞게 행동할 때 '철이 들었다'고 말한다. "옷을 기울 때는 짧은 바늘이 필요하고, 긴 창이 있어도 그것은 소용없다. 비를 피할 때는 작은 우산이 필요하고, 온 하늘을 덮는 것이 있어도 소용없다."는 원효의 가르침, "적시의 바늘 한 땀이 아홉 땀을 줄여 준다."는 경구, 이 모든 것들을 부모는 가벼이 듣고 넘겨서는 안 될 것이다.

때에 맞게 가르치고 배운다는 것이 교육 내용만을 의미하는 것은 아니다. 자녀양육의 기본 태도도 시의적절해야 한다.

속물이 아닌 철든 부모가 되어야 한다

지금까지 교육은 아이들의 부족한 부분을 채워 주는 데 주력하였다. 잘하는 부분보다는 잘 못하는 것을 집중적으로 가르치려 하였다. 대개 잘하고 있는 과목보다는 잘 못하는 과목을 위해 학원이나 과외선생님을 찾는 것이 우리 부모다.

모름지기 모든 아이에게는 자기만의 날개가 있다. 주위 사람들이 그것을 못 보고 지나칠 뿐이다. 톨스토이도 "가장 중요한 것은 가까이 있다."고 했다. 찬찬히 들여다보자. 우리 아이가 어떤 날개를 품고 있는지를. 무엇에 관심 있고, 어떤 것에 흥미를 느끼며, 무엇을 하고 싶어하는지 하나하나 짚어 보자. 부족한 것을 채워 주는 것도 중요하지만 그에 못지않게 이미 지니고 있는 능력과 자질을 찾아 주고 격려해 주는 것도 잊지 말아야 한다. 스스로 선택하고 원하는 것을 해봐야 자신감은 물론이고 자아 존중감이 높아지고 심성도 밝아질 것이 아닌가.

아이가 자신만의 날개를 펼 수 있도록 도와주는 것이 왜 이리도 어려운 것일까. 현실의 교육 여건이나 교육관을 보면 쉽지 않아 보인다.

2010년 세계가치관조사 결과다. 자녀양육 시 가르쳐야 할 중요한 덕목으로 한국 응답자의 40%만 관용과 타인에 대한 존중이라고 응답했다. 이는 스웨덴의 87%, 미국의 72%, 일본의 65%와 비교하여 크게 뒤질 뿐 아니라 이집트, 우크라이나, 중국보다 낮아 조사 대상 52개국 중 최하위 수준이었다. '사회의 유익을 위해 일하는 것은 중요하다'라는 항목에 동의한 비율은 꼴찌에서 두 번째였다.

흔히들 '속물이 되는 지름길은 부모가 되는 것'이라고 하던데 위의 통계 결과를 보면 그다지 틀린 말도 아닌 듯싶다. '좋은 게' 좋은 것이 아니다. '올바른 것'이 좋은 것이다. 좋은 줄 알면서도 선뜻 나서지 못하는 것은 비겁함일 뿐이다.

"내 집에 있는 닭은 쳐다보지도 않으면서 들판에 뛰어다니는 꿩만 쫓아다닌다(염가계 애야치厭家鷄 愛野雉)."는 말이 있다. 혹시 우리를 두고 한 말이 아닐까 싶다. 어른의 판단에 따라 일방적으로 교육을 하던 시대는 지나갔다. 지금은 아이의 능력에 맞는, 아이 스스로 선택할 수 있는 수평적 교육이 요구되는 때다. 프로크루스테스의 침대에 아이를 맞추려 하지 말자. 아이에 맞는 침대를 마련해 주는 것이 부모가 해줘야 할 최소한의 책무다.

이것은 선택의 문제가 아니다. 용기의 문제다. '좋은 게' 좋은 것이 아니다. '올바른 것'이 좋은 것이다. 불안하더라도 아이에게 선택의 기회를 주기 위해 필요한 것은 부모의 용기다. 현실을 외면할 수 없는 상황이라면 최소한 집안에서만이라도 부모의 생각과 마음을 열어 아이의 선택을 받아들이고 긍정해 주는 노력을 해보자.

고려시대 문인 이인로는 자신이 쓴 『파한집破閑集』에서 "뿔이 있으면 이빨이 없고, 이름난 꽃은 열매가 없다."고 하였다. 오늘날 우리 부모들은 자기 아이가 이것도 부족하고 저것도 부족하다면서 몹시 초조해한다. 우리 아이에게는 뿔도 있어야 되고 이빨도 있어야 된다고 생각한다. 꽃도 화려하고 열매도 풍성하기를 바란다. 이런 기대와 욕심 때문에 아이의 참모습을 보지 못하고 늘 아이에게 이것저것 무리하게 요구할 때가 많다. 그 결과 부모는 기대에 못 미치는 아이 때문에 속상하고, 아이는 아이대로 과한 부담감에 지치고 무기력해진다. 결국 부모도 아이도 모두 피곤하고 아프다.

사자에게는 이빨이 있고 벌에게는 침이 있다. 우리 아이에게는 없는 것도 많지만 있는 것도 많다. 없는 것을 채우려 하기 전에 있는 것부터 챙겨 보자. 그리고 시간과 노력을 거기에 쏟아 붓자. 이것이 '철든' 부모가 아니겠는가.

어떤 부모가 되어야 하는가

초　판 1쇄 인쇄 2015년 4월　30일
초　판 2쇄 발행 2015년 8월　　1일

지은이 강명신, 안길준, 임도현, 김시천, 마석한　　**그린이** 정가애
펴낸이 김종길　**펴낸곳** 글담출판사

책임편집 이경숙
편집 임현주 · 이경숙 · 이은지 · 홍다휘 · 안아람 · 윤선주　　**디자인** 정현주 · 박경은
마케팅 박용철 · 임형준　　**홍보** 윤수연　　**관리** 이현아

출판등록 1998년 12월 30일 제7-186호
주소 (121-840)서울시 마포구 양화로 12길 8-6(서교동) 대륭빌딩 4층
전화 (02)998-7030 ┃ **팩스** (02)998-7924
이메일 bookmaster@geuldam.com
블로그 http://blog.naver.com/geuldam4u
페이스북 http://www.facebook.com/geuldam4u

ISBN 978-89-92814-96-6 13370

이 도서의 국립중앙도서관 출판예정도서목록(CIP)은 서지정보유통지원시스템 홈페이지(http://seoji.nl.go.kr)와 국가자료공동목록시스템(http://www.nl.go.kr/kolisnet)에서 이용하실 수 있습니다. (CIP제어번호: CIP2015010732)

★★**글담출판**에서는 참신한 발상, 따뜻한 시선을 가진 기획 아이디어와 원고를 기다리고 있습니다. 작품 혹은 기획안을 이메일로 보내주시면 출간 가능성이 있는 작품은 개별 연락을 드립니다.